城市轨道交通职业教育系列教材——城市轨道交通车辆
CHENGSHI GUIDAO JIAOTONG ZHIYE JIAOYU XILIE JIAOCAI
CHENGSHI GUIDAO JIAOTONG CHELIANG

城市轨道交通车辆控制

主　编　○　刘海梅　蔡海云
副主编　○　聂　辉

西南交通大学出版社
·成都·

内容简介

本书是城市轨道交通职业教育系列教材之一。主要内容包括城市轨道交通车辆牵引系统、辅助供电系统、车辆照明系统、牵引制动控制电路、列车网络控制系统、车门控制系统、车载 ATP/ATO 系统及乘客信息系统。介绍了典型城市轨道交通车辆中电气系统内各类电路及原理，对理解和掌握城市轨道交通车辆电气系统有很大帮助。

本书可作为中高职业院校车辆专业的专业教材，还可供从事车辆运用与检修的专业技术人员阅读参考。

图书在版编目（CIP）数据

城市轨道交通车辆控制 / 刘海梅，蔡海云主编. —成都：西南交通大学出版社，2016.9（2022.1重印）
城市轨道交通职业教育系列教材. 城市轨道交通车辆
ISBN 978-7-5643-4922-6

Ⅰ. ①城… Ⅱ. ①刘… ②蔡… Ⅲ. ①轻轨车辆－电气控制－职业教育－教材 Ⅳ. ①U239.5

中国版本图书馆 CIP 数据核字（2016）第 199875 号

城市轨道交通职业教育系列教材——城市轨道交通车辆
城市轨道交通车辆控制
主编 刘海梅 蔡海云

责 任 编 辑	李芳芳
特 邀 编 辑	秦志慧
封 面 设 计	何东琳设计工作室
出 版 发 行	西南交通大学出版社 （四川省成都市二环路北一段 111 号 西南交通大学创新大厦 21 楼）
发行部电话	028-87600564　028-87600533
邮 政 编 码	610031
网　　　址	http://www.xnjdcbs.com
印　　　刷	成都蓉军广告印务有限责任公司
成 品 尺 寸	185 mm × 260 mm
印　　　张	8.5
字　　　数	211 千
版　　　次	2016 年 9 月第 1 版
印　　　次	2022 年 1 月第 5 次
书　　　号	ISBN 978-7-5643-4922-6
定　　　价	25.00 元

课件咨询电话：028-87600533
图书如有印装质量问题　本社负责退换
版权所有　盗版必究　举报电话：028-87600562

出版说明

城市轨道交通凭借快捷、准时、舒适、运量大、能耗低、污染小、占地少等优点，日益成为城市现代化建设进程中重要的公益性基础设施项目。城市轨道交通涉及面广、综合性很强，其发展状况已被当成一个城市综合实力和现代化程度的重要评判指标。由此，城市轨道交通建设正在我国兴起一个新的浪潮，社会对城市轨道交通专业人才的需求巨大，给城市轨道交通类专业的职业教育发展带来了良好契机。

西南交通大学出版社与国内诸多交通院校一直保持友好往来，并整合他们在轨道交通领域的尖端科技优势和人才集成优势，致力于为国家轨道交通教育事业做出贡献，形成了以"轨道交通"为核心的出版特色，在教育界、学界都拥有良好的口碑和较高的品牌知名度。

本套丛书从满足快速增长的城市轨道交通专业实用型人才培养需求出发，从校企结合教学直接面向岗位需求这一特点出发，精心组织国内相关专业优秀教育工作者或优秀教育工作高校，分"运营管理""工程技术""车辆""控制""供电技术"五大类，系统地为读者呈现城市轨道交通教育课程全景。在编写时，力求体现如下特点：

◎ **适用性**

理论知识够用即可，在讲述专业知识的基础上，突出实际操作技能的训练，注重岗位关键能力的培养。

◎ **专业性**

图书的顶层设计从国家高职高专专业目录规范出发，内容编排紧密结合岗位应用实际，体现专业性和主流设备前沿特征，体现教学实际需求。同时，在编写或修改时，尽可能地让一线用人单位参与进来，根据生产现场实际提出建议。

◎ **生动性**

在架构设计和版式设计上，力求简洁生动，图文并茂；努力体现二维码技术等移动互联网时代元素在图书中的应用，尽可能把生产实际和研究成果，用立体生动的形式予以表达，便于读者理解掌握。

这套书可作为高等职业院校、中等职业学校城市轨道交通相关专业的教学用书，也可作为城市轨道交通企业新职工的培训教材。有关教材的课件资料等，可以联系我社使用。

联系电话：028-87600533

邮箱：swjtucbsfx@163.com

西南交通大学出版社

前 言

城市公共交通交通工具不断革新，城市轨道交通、有轨电车新技术不断涌现，从1890年12月18日世界上第一条真正的电气化地铁诞生以来，城市轨道交通成为现代城市必不可少的重要交通工具，是维持城市居民工作、学习和生活正常秩序的重要保障。

城市轨道交通普遍采用电气化，由受流器接受来自接触网的电能，再在控制系统的指挥下，经主回路、牵引电机将电能转换为驱动列车所需机械能，并且在必要时使用车辆实施制动。为了不断提高城市轨道交通地铁轻轨车辆起动和制动性能，提高运行速度，在车辆的传动方式和控制上经历了几次革命，由早先的直流传动转型成现代的交流传动；控制上由逻辑电路发展到全微机控制，自动化程度大大提高。改善了车辆的运行性能，减少了车辆的运行的故障和提高了车辆运行的可靠性，同时也较大地减少了司机和检修工作人员的劳动强度。

城市轨道交通的牵引控制系统荟萃了电力电子、计算机检测与控制、电机与电器制造等多学科的先进技术，日益发展成具有智能化、模块化、轻量化、节能型、免维修等特点。

本书编写结合中高等职业教育的特点，为城市轨道交通车辆专业学生介绍了必须掌握的车辆电气系统专业知识。全书分九章，采用传统章节的形式，系统、循序渐进地介绍了车辆电气系统及控制，包括电气系统的概述、牵引系统的组成和原理、辅助供电系统的组成、设备及原理、车辆照明电路及控制、车门电路及控制、牵引制动控制电路、列车网络控制系统、车载ATP/ATO系统及控制、乘客信息系统的组成。本书为了达到更好的阐述效果，从多种车辆电气系统中分别采用了各类代表性电路，并加以说明，帮助读者更好地理解整个车辆的电气系统，使司机和检修岗位方向的学习者打下良好的电气系统知识基础，同时对部分电路故障分析及处理也作了相应的介绍。

目前在城市轨道交通职业培训行业内，车辆电气系统知识专业性强，是学生学习的难点，介绍车辆电气系统、车辆控制类的系统教材很少，少量的教材中涉及部分内容，有些采用项目的方式介绍，对于系统理解和了解车辆电气系统存在局限性，为了填补空缺，故编写了本教材。由于时间、资料、水平有限，书中可能有一些不妥之处，敬请读者指正。

编 者

2016.7

目 录

第一章 城市轨道交通车辆电气系统概述 ··· 1
- 第一节 电气系统简介 ·· 1
- 第二节 电气系统的发展 ·· 5
- 课后练习题 ·· 8

第二章 牵引系统 ··· 9
- 第一节 牵引系统概述 ·· 9
- 第二节 牵引系统主回路 ·· 11
- 第三节 牵引系统的工作原理 ·· 21
- 课后练习题 ·· 25

第三章 辅助供电系统 ··· 27
- 第一节 辅助供电系统概述 ··· 27
- 第二节 辅助逆变器 ·· 29
- 第三节 蓄电池充电器及蓄电池 ·· 34
- 第四节 高压供电回路 ··· 37
- 第五节 中压供电分配 ··· 41
- 第六节 扩展供电回路 ··· 44
- 第七节 低压供电分配 ··· 45
- 课后练习题 ·· 47

第四章 城市轨道交通车辆照明系统 ··· 49
- 第一节 内部照明 ·· 49
- 第二节 外部照明 ·· 52
- 课后练习题 ·· 56

第五章 牵引/制动控制电路 ·· 57
- 第一节 司机室激活控制电路 ·· 57
- 第二节 受电弓控制电路 ·· 59
- 第三节 高速断路器控制电路 ·· 63
- 第四节 列车方向控制电路 ··· 67
- 第五节 列车牵引/制动控制电路 ··· 68
- 课后练习题 ·· 74

第六章　列车网络控制系统 75
第一节　列车网络控制系统简介 75
第二节　列车网络控制系统拓扑结构 81
课后练习题 84

第七章　车门控制系统 86
第一节　车门控制系统的电气部件 86
第二节　车门控制原理 89
第三节　开关门控制电路 92
第四节　车门安全回路 96
第五节　非正常情况下车门的控制 98
课后练习题 100

第八章　车载 ATP/ATO 系统 101
第一节　车载 ATP/ATO 系统概述 101
第二节　车载 ATP/ATO 系统的控制 105
第三节　车载 ATP/ATO 系统与车辆控制系统的关系 108
课后练习题 110

第九章　乘客信息系统 111
第一节　乘客信息系统概述 111
第二节　列车广播对讲系统 115
第三节　多媒体播放系统 120
第四节　视频监控系统 123
第五节　车载无线局域网及无线电系统 125
课后练习题 127

参考文献 128

第一章　城市轨道交通车辆电气系统概述

第一节　电气系统简介

城市轨道交通车辆电气系统是城市轨道交通车辆的重要组成部分，它为列车提供牵引力及电制动力，控制和监控列车完成正常的启动、运行和停车，同时对其他用电设备进行供电及控制，是列车安全运行的保障。城轨车辆电气系统还记录大量的运行数据，为列车保养提供重要依据。对于城市轨道交通车辆驾驶人员和检修人员等专业技术人员来说，要熟练掌握城市轨道交通车辆的运用与保养、电气故障的排除及电气设备的检测检修等，就必须掌握好车辆电气系统知识。

本书主要讲授城市轨道交通车辆电气系统方面的基础知识，为城轨相关人员进一步学习电气系统知识打下基础。

一、城市轨道交通车辆电气系统的组成

城市轨道交通车辆电气系统主要由牵引系统、辅助供电系统、列车控制电路、列车网络控制系统组成。

（一）牵引系统

城市轨道交通车辆牵引系统的主要作用是完成列车牵引、制动控制，将接触网提供的电能通过控制转换，供牵引电机使用，使牵引电机产生相应的牵引力或制动力，从而达到对列车进行控制的目的。

列车牵引系统根据牵引电机类型的不同分为直流传动牵引系统和交流传动牵引系统。直流传动牵引系统牵引电机采用直流电机，在早期的地铁车辆上广泛使用。交流传动牵引系统牵引电机采用三相交流异步鼠笼式电机。由于交流传动具有巨大的优越性，目前轨道交通车辆普遍采用以交流电机作为牵引电机的交流传动控制系统。本书主要介绍交流传动控制系统。

交流传动牵引系统（以下简称牵引系统）主要由受流装置、高速断路器、牵引逆变器（VVVF逆变器）、牵引电机等组成。在牵引时，由受流装置将电网提供的电能引入列车，再由牵引逆变器将其转换成三相可调压、调频的交流电供牵引电机使用；电制动时，牵引逆变器将牵引电机产生的交流电整流成直流回馈给电网实现再生制动，若无法实现再生制动，则将制动电能消耗在制动电阻上实现电阻制动。高速断路器实现对牵引主回路的短路、过载、

过电压、欠电压等的保护作用。牵引系统组成框图如图 1-1 所示。

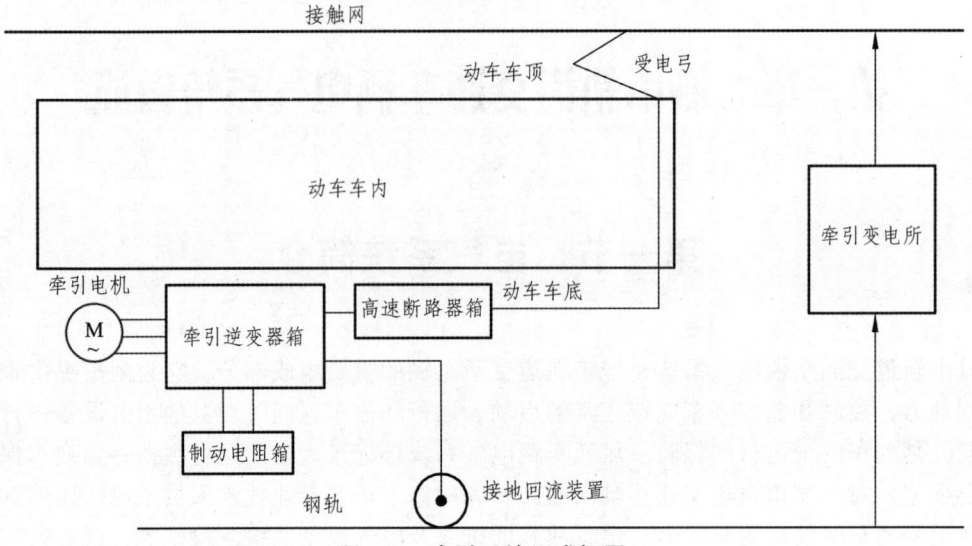

图 1-1　牵引系统组成框图

（二）辅助供电系统

辅助供电系统也称辅助电源系统，主要用来为除牵引系统之外的其他用电设备供电。辅助供电系统供电的车载设备主要有以下三类：

（1）AC380 V（交流 380 V）负载：空调装置、空气压缩机单元、牵引设备的通风冷却设备和辅助逆变器的通风冷却设备。

（2）AC220 V（交流 220 V）负载：客室正常照明、司机室方便插座、客室维修用方便插座等。

（3）DC110 V（直流 110 V）负载：控制电路及电子设备、通信系统、维护诊断系统、客室应急照明、电动车门驱动电机等。

除以上一些车载用电设备外，还有极少量 DC24V 设备和其他设备也由辅助供电系统供电。由辅助供电系统供电的主要车载设备如表 1-1 所示。

表 1-1　辅助供电系统的主要负载

AC380 V 负载	空调装置、空气压缩机单元、通风冷却设备等
AC220 V 负载	客室正常照明、司机室方便插座、客室维修用方便插座等
DC110 V 负载	控制电路及电子设备、通信系统、维护诊断系统、客室应急照明、电动车门驱动电机等

辅助供电系统作为一个为大部分车载电气设备供电的系统，主要由三个部分组成，即辅助逆变器（静止逆变器）、蓄电池充电器和蓄电池。辅助逆变器主要用来为交流负载供电；蓄电池充电器和蓄电池统称为低压电源，主要用来为直流负载供电。辅助供电系统的组成框图如图 1-2 所示。

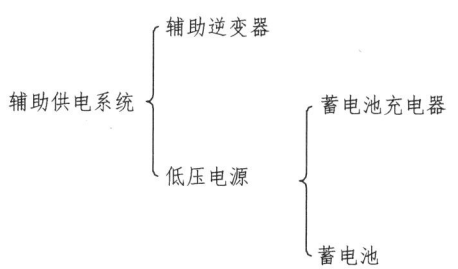

图 1-2 辅助供电系统的组成

（三）列车控制电路

城市轨道交通车辆电气系统控制电路主要有两种：一种是传统硬连线有触点的逻辑控制电路，通过一系列继电器、接触器的联锁触点等器件的"接通"和"断开"来传递控制信号，直接驱动相应的设备工作或显示，从而实现整车的控制。这种控制电路也称为继电器控制电路。另一种是总线控制电路，将列车一部分控制和监测信号（如车门控制和监测信号、气制动控制和监测信号等）通过总线进行传输，并由列车控制系统各自模块将采集到的信号综合处理，实现对相应设备的控制和监测功能。

本书中介绍的控制电路主要指继电器控制电路。这是一种逻辑控制电路，属于直流低压小功率电路，它使用 DC110 V 电源，通过操纵台上各种开关按钮及司机控制器等来实现对各电气设备的控制。继电器控制电路包括高速断路器控制电路、受电弓控制电路、照明控制电路、辅助逆变器控制电路、牵引/制动控制电路等。此类电路数量众多，且涉及大量继电器、开关按钮、指示灯、电磁阀等，是本课程学习的难点。

（四）列车网络控制系统

列车网络控制系统是城市轨道交通车辆电气系统的另外一种控制电路。它是随着微电子技术及分布式现场总线技术发展而逐渐发展起来的，在城市轨道交通车辆电气系统中发挥着越来越重要的作用。列车网络控制系统是一种总线控制的方法，总线控制是基于计算机技术的控制，利用列车通信网络实现对各车载微机单元的集散式控制、监测和管理。

二、城市轨道交通车辆电气系统的部件及设备

城市轨道交通车辆电气系统设备众多，分布广泛，在城市轨道交通车辆各个方面都发挥着重要的作用。

（1）城市轨道交通车辆电气系统的部件及设备按分布位置不同可分为车顶电气设备、车内电气设备和车底电气设备。

① 车顶电气设备主要有空调装置、受电弓、避雷器。部分地铁车辆车顶还安装有熔断器

箱，如南京地铁 1、2 号线和苏州地铁 1 号线所使用车辆。

② 车内电气设备包括司机室电气设备和客室电气设备。

a. 司机室电气设备包括操纵台上部和下部的所有电气设备、司机室空调、电热设备、照明设备以及司机室后面设备柜和电子柜中的所有设备。

b. 客室电气设备主要有客室照明装置、动态地图、LED 显示屏、LCD 显示屏、扬声器、摄像头、紧急对讲装置、客室控制柜和空调控制柜等。

③ 车底电气设备主要包括牵引系统相关设备（高速断路器、制动电阻、牵引逆变器等）、辅助系统相关设备（辅助逆变器及蓄电池充电器箱、蓄电池充电器）、制动系统控制设备、空气压缩机、高压分配装置（高压箱）以及低压箱等。具体分布情况如表 1-2 所示。

表 1-2　电气设备分布情况

车顶电气设备		空调装置、受电弓、避雷器
车内电气设备	司机室电气设备	操纵台电气设备、司机室后面设备柜和电子柜中所有设备，司机室空调、电热、照明设备等
	客室电气设备	客室照明、动态地图、LED/LCD 显示屏、指示器紧急对讲装置、客室控制柜和空调控制柜等
车底电气设备		牵引系统相关设备、辅助供电系统相关设备、制动系统控制设备、空气压缩机、高压箱、低压箱等

（2）城市轨道交通车辆电气系统的部件及设备按使用电能的高低不同可分为高压设备（DC1500 V 或 DC750 V）、中压设备（AC380 V 或 AC220 V）以及低压设备（DC110 V 或 DC24 V）。

① 高压设备主要指牵引及高压供电系统相关设备，如受电弓、避雷器、高速断路器、牵引逆变器等。

② 中压设备主要指交流负载，如空气压缩机单元、空调装置、通风冷却装置、方便插座、客室正常照明等。

③ 低压设备主要指所有微机控制单元、控制电路以及电动车门驱动电机等。

具体分类情况如表 1-3 所示。

表 1-3　不同电压电气设备分类情况

高压设备	受电弓、避雷器、高速断路器、牵引逆变器等
中压设备	空气压缩机单元、空调装置、通风冷却装置、客室正常照明
低压设备	所有微机控制单元、控制电路及电动车门驱动电机等

（3）城市轨道交通车辆电气系统的部件及设备按服务对象不同分为服务于车辆运行的设备、服务于乘客的设备和保证列车正常舒适运行的设备。

① 服务于乘客的设备有客室照明装置、通风装置、空调等。

② 服务于车辆运行的设备有蓄电池、牵引逆变器、辅助逆变器、空气压缩机、司机控制器等。

③ 保证列车正常舒适运行的设备有列车诊断系统、列车自动控制系统（ATC）、通信系统等。

第二节 电气系统的发展

一、牵引系统的发展

直流电气传动和交流电气传动于19世纪先后诞生,在20世纪的大部分年代里,鉴于直流传动具有调速容易的优点,一般可调速传动都采用直流传动。随着现代城市轨道交通车辆向轻量化和智能化方向迅速发展,直流传动系统的重量大、体积大、维修工作量大、限制电机向高速大容量方向发展等因素越来越明显,而交流传动系统和它形成鲜明对照,再加上电力电子技术和微电子技术的高速发展,使得交流传动系统,特别是电压型逆变器控制的交流传动系统,以其优良的性能逐渐占据主导地位。

牵引系统的发展主要经历了以下几个阶段,从最初的凸轮变阻传动控制系统到斩波调阻控制系统,再到斩波调压控制系统,最后到现在主流的交流变压变频控制系统。其中,凸轮变阻传动控制系统、斩波调阻控制系统和斩波调压控制系统都属于直流传动控制系统。根据直流电机调速的相关知识可知,直流电机调速主要通过调节电机两端电压来达到调速的目的,在调压调速的基础上配合弱磁调速。也就是说,要想调节直流电机的转速,必须改变直流电机的电压。凸轮变阻、斩波调阻和斩波调压是三种不同的改变牵引电机电压的方式。交流传动牵引系统主要采用的是变压变频的控制技术。牵引系统的分类如图1-3所示。

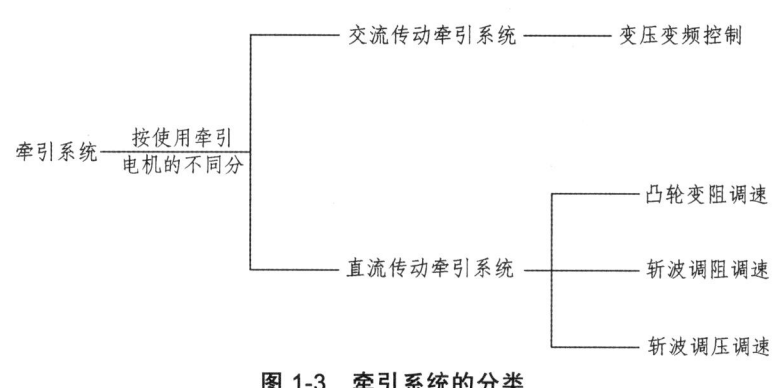

图 1-3 牵引系统的分类

（一）凸轮变阻控制系统

早期的城市轨道交通车辆的传动与控制系统主要采用直流凸轮变阻的方式,如早期北京地铁所使用车辆。凸轮变阻控制系统即利用变阻控制器来切换电阻,从而实现改变牵引电机电压,达到改变牵引电机转速的目的。凸轮变阻控制系统原理图如图1-4所示。

通过控制凸轮使接触器K1、K2、K3、K4、K5逐个闭合与断开,改变接入电阻阻值来调节牵引电机端电压和磁场削弱,从而实现对牵引电机的控制。

凸轮变阻控制方式在使用过程的缺陷日益凸显。凸轮变阻控制系统只能有级控制,不能实现无级平滑调速;凸轮机构结构复杂,触点多,控制电路复杂,频繁使用后故障率高;电能损耗多，尤其在低速运行时，将有大量的电能消耗在电阻上。随着科技的进步，凸轮变阻控制方式逐渐被其他控制系统所取代。

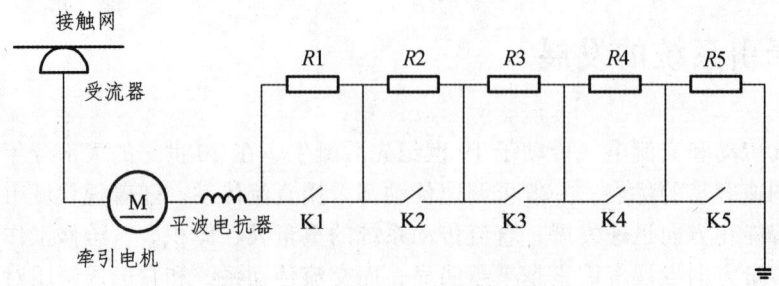

图 1-4　凸轮变阻控制系统原理图

（二）斩波调阻控制系统

随着半导体应用技术的发展，采用无触点的可控硅斩波器取代凸轮变阻机构，并实现无级平滑地调节电阻，不但调节平稳，在主回路中也减少了很多触头，从而减少了由此引起的故障次数及维修工作量。

斩波调阻控制系统中，斩波器与电阻并联，通过调节斩波器的占空比来实现对电阻的调节。连续调节斩波器的占空比，相应的接入主回路的电阻阻值也连续平滑地变化。斩波调阻装置即斩波器由晶闸管、二极管、均流电抗器、均压电阻和换流电容等部件组成。斩波调阻控制系统原理图如图 1-5 所示。

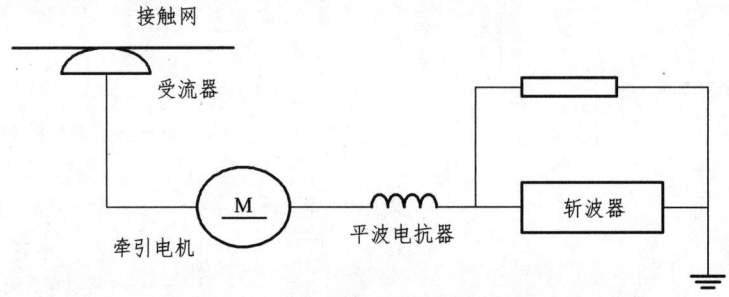

图 1-5　斩波调组控制系统原理图

虽然斩波调阻控制系统在凸轮变阻控制系统的基础上有了较大的提高，能够实现无级平滑调速，电路结构简单，但调速范围小，控制回路中能量损耗大，且不能实现再生制动。

（三）斩波调压控制系统

无论是凸轮变阻控制还是斩波调阻控制，控制回路都存在能量损耗大的缺点。随着可控制关断的半导体器件（GTO 和 GTR）的广泛应用，直流传动控制系统发展到斩波调压控制。斩波调压控制系统是直流传动控制系统的一种理想控制方式，能实现无级平滑调速，调速过程中能量损耗低，且能实现再生制动。

在斩波调压控制系统中,利用斩波电路将接触网提供的电能进行调节,不断调节斩波电路的输出电压来控制列车,输出电压可通过调节斩波器占空比来实现。斩波调压控制系统原理图如图 1-6 所示。

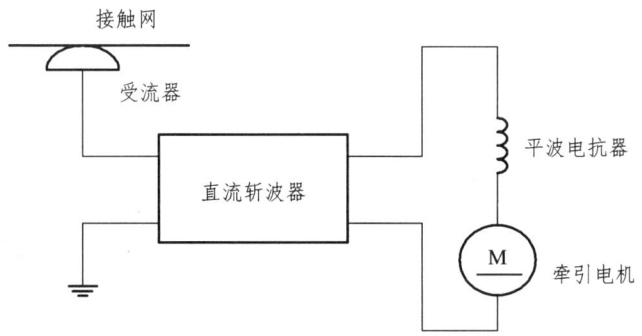

图 1-6 斩波调压控制系统原理图

(四)变压变频控制系统

直流牵引电机由于存在结构复杂、故障率高等缺点,逐渐被淘汰。现代城市轨道交通车辆基本上都采用交流电机作为牵引电机,采用变压变频的交流传动控制系统。变压变频控制系统利用逆变器将接触网提供的直流电转换成变压变频的交流电给牵引电机供电,通过调节逆变器输出交流电的电压和频率,可以达到控制牵引电机的目的。

二、辅助供电系统的发展

辅助供电系统(辅助电源系统)的主要作用是为列车辅助设备提供电源,即为除牵引系统设备之外的其他用电设备供电。早期的地铁、轻轨车辆的辅助设备主要有辅助控制系统、照明、广播系统等,主要采用发电机组作为辅助供电电源。随着地铁、轻轨车辆的不断更新,人们对乘车安全性、舒适性提出新的要求,地铁车辆辅助系统功能也日益增加。相比于早期的车辆,车辆辅助设备至少增加了以下几部分:ATP 系统、空调制冷系统、采暖系统、信息显示系统,由此也对车辆辅助电源的输出功率及可靠性提出了更高的要求。由于采用发电机组的辅助供电系统存在诸多不足,如体积庞大笨拙、工作效率较低、输出功率有限等,随着电力电子技术的发展及逆变器的问世,输出功率大、工作可靠、结构更轻更紧凑的静止逆变器逐渐取代发电机组。目前在国内已得到广泛应用的交流传动地铁车辆(如广州地铁、南京地铁、上海地铁、武汉地铁)都是采用静止逆变器的辅助供电系统。

采用静止逆变器的辅助供电系统主要由静止逆变器(辅助逆变器)、蓄电池充电器和蓄电池三部分组成。通常是接触网提供的直流电通过静止逆变器直接逆变成三相四线制的交流电输出,供列车上的交流负载使用,由蓄电池充电器将静止逆变器输出的交流电变换成 DC110 V 和 DC24 V 电输出,为直流负载供电。还有一种是由蓄电池充电器直接将接触网提供的直流电转换成 DC110 V 和 DC24 V 输出,蓄电池作为备用直流电源。采用静止逆变器的辅助供电系统框图如图 1-7 所示。采用静止逆变器的辅助供电系统是目前最主流的辅助供电方式,将在本书第三章中重点讲解。

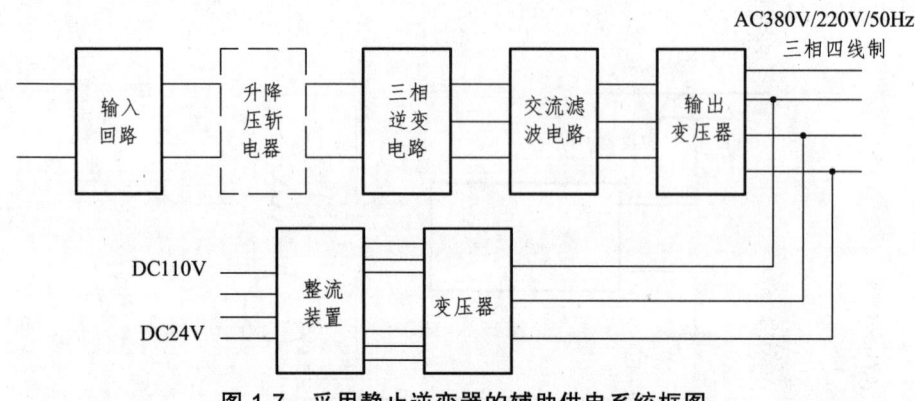

图 1-7　采用静止逆变器的辅助供电系统框图

三、列车控制系统的发展

列车控制系统的发展主要经历了由传统继电器控制电路到列车网络控制系统两个发展阶段。

传统继电器控制电路是一种有触点的控制电路,虽然复杂,但却是一种很成熟的控制方法。随着微电子技术及分布式现场总线技术的发展,列车网络控制系统在地铁车辆上得到了广泛的应用。但由于网络传输抗干扰性较差,输出过程可能出现遗漏和缺失,因此对一些非常关键器件的控制仍然沿用传统的继电器控制电路。由此可见,在列车网络控制系统得到广泛应用的同时,继电器控制电路在地铁车辆控制方面依然发挥着举足轻重的作用。本书分别在第五章、第六章具体讲解继电器控制电路和列车网络控制系统。

课后练习题

1. 电气系统主要由哪几部分组成?
2. 牵引系统的发展经历了哪几个阶段?
3. 辅助供电系统的发展经历了哪几个阶段?
4. 比较斩波调阻控制系统与斩波调压控制系统的优劣。
5. 现阶段使用较多的是哪一种辅助供电系统?此类辅助供电系统由哪几部分组成?
6. 列车控制系统主要由哪两种控制方式组成?简述各自的特点。

第二章 牵引系统

在城市轨道交通车辆中，用电动机驱动实现车辆牵引的传动控制方式，称为电力牵引控制（电传动系统）。它以牵引电机作为控制对象，通过控制系统对电机的旋转方向、输出转矩及转速的控制，来选择列车运行方向并调节列车运行速度，使其满足列车牵引性能要求。牵引系统根据使用的牵引电机类型分为直流传动牵引系统和交流传动牵引系统。目前，在城市轨道交通车辆上普遍使用交流传动牵引系统。

本章重点讲解交流传动牵引系统，直流传动牵引系统不作讲解。本章主要介绍牵引系统的主要部件、牵引系统的组成以及牵引系统的基本工作原理等内容。

第一节 牵引系统概述

牵引系统是城市轨道交通车辆的核心部件，是列车动力的来源。它根据需要为列车提供牵引力和制动力，完成列车牵引和制动。牵引系统在"牵引"模式下，把接触网提供的电能转换成牵引电机使用的电能供给牵引电机，牵引电机作为电动机工作，将电能转换成机械能，来实现列车的牵引功能；在"制动"模式下，牵引电机充当发电机，机械制动能量转换成电能，重新反馈给接触网，供给其他列车使用或者通过制动电阻消耗掉，实现列车的制动功能。

一、牵引系统的分类

根据牵引系统不同的特点，牵引系统可以从以下几个方面进行分类。

（1）根据城市轨道交通车辆使用的牵引电机的类型，城市轨道交通车辆牵引系统有直流传动牵引系统和交流传动牵引系统之分。这两种传动方式各有优缺点。随着大功率逆变技术和自动控制技术的不断发展，交流电机能够通过变压变频技术来获得直流电机的优点。目前城市轨道交通车辆以交流传动方式为主。

（2）根据供电控制方式，牵引系统有1C4M和1C2M两种形式。1C4M牵引系统的一台牵引逆变器向同一动车上的四台牵引电机供电；1C2M牵引系统的一台逆变器向同一转向架上的两台牵引电机供电。有些地铁列车牵引逆变器分成两个相同的模块，每个模块给一个转向架上的两台牵引电机供电，牵引逆变器采用此种供电模式的牵引系统也称为1C4M牵引系统。

（3）根据控制单元控制原理的不同，牵引系统可以分为直接转矩控制型和矢量控制型两种。

二、牵引系统的功能

牵引系统主要有两种工况：牵引工况和电制动工况，分别完成牵引、再生制动及电阻制动的功能。牵引系统完成的主要功能如图 2-1 所示。

（1）牵引工况：牵引系统为列车提供牵引动力，它将接触网提供的直流电转换成三相交流电供给牵引电机，再由牵引电机将电能转换成机械能驱动列车运行。

（2）电制动工况：电制动工况可分为再生制动工况和电阻制动工况。

图 2-1　牵引系统的主要功能

① 再生制动工况：牵引系统进行再生制动时将列车动能转换为电能反馈到电网供其他列车使用。

② 电阻制动工况：制动能量不能向电网回馈时，电制动产生的电能将会消耗在制动电阻上，列车动能转换为热能散逸在大气中。

电制动和空气制动共同配合完成列车的制动功能。

三、牵引系统的主要设备

牵引系统主要由受流装置、避雷器、高速断路器、牵引逆变器、牵引控制单元、PWM 编码器、牵引电机、制动电阻、接地回流装置等组成。

① 受流装置。

受流装置主要有受电弓和集电靴，它是列车将电网电源平稳地引入车辆电源，为列车的牵引设备和辅助设备提供电能的重要电器。

② 避雷器。

避雷器也称浪涌吸收器，主要用来防止来自城市轨道交通车辆外部和内部过电压对车辆电气设备的破坏。

③ 高速断路器。

高速断路器简称 HSCB，是牵引系统最重要的保护性器件，主要作用：在正常情况下，根据需要接通或断开接触网与牵引主回路之间的高压回路；在发生故障时，如主回路短路、过载等，快速切断主回路，防止事故扩大，保护车辆和人身安全。

④ 牵引逆变器。

牵引逆变器是牵引系统的核心部件。它的主体结构是电压型三相桥式逆变电路，主要功率元件为 IGBT（或 IPM 模块），一端与电网相连，另一端与牵引电机相连。牵引逆变器的作用为：牵引工况时，牵引逆变器将电网提供的直流电转换为三相可调压调频的交流电供牵引电机使用；电制动时，牵引电机工作在发电机状态，牵引逆变器将牵引电机产生的交流电整流成直流电回馈给电网，实现再生制动；若电网不能吸收，则消耗在制动电阻上，实现电阻制动。

⑤ 牵引控制单元（DCU）。

牵引控制单元是牵引系统的微机控制单元，与牵引逆变器共同安装于牵引逆变器箱内，主要功能有：

a. 对牵引电机进行矢量控制；
b. 将车辆控制单元通过总线传输的给定值和控制指令转换成VVVF逆变器用的控制信号；
c. 对VVVF逆变器和牵引电机进行保护；
d. 对电制动进行调整和保护，以及逆变器脉冲模式的产生；
e. 空转/滑行保护控制；
f. 列车加减速冲击率的限制；
g. 通过列车总线实现DCU与其他控制单元的通信功能；
h. 当列车总线出现故障时，可用硬连线实现紧急牵引；
i. 故障诊断功能。

⑥ PWM编码器。

PWM编码器的主要作用是将主控制手柄或ATO设备给出的模拟牵引/制动指令信号转化为500 Hz/24 V的PWM信号。此PWM信号通过PWM硬线传输给牵引控制单元和微机制动控制单元。

⑦ 牵引电机。

目前城市轨道交通车辆应用最广泛的牵引电机是三相鼠笼式异步电动机。牵引电机安装于动车转向架上，用来驱动列车运行。

⑧ 制动电阻。

制动电阻用于电阻制动。在列车进行电制动时，如果供电线路不能吸收电制动产生的能量，制动能量将在制动电阻上转化成热能并消散于大气。制动电阻一般安装于动车车底，需要进行强迫通风冷却。

⑨ 接地回流装置。

接地回流装置的主要作用是为牵引主回路提供回流通路，使电流经轮对到达钢轨，再通过供电馈线到牵引变电所，构成完整回路。

第二节 牵引系统主回路

城市轨道交通车辆主回路是牵引系统的重要组成部分，它接收控制回路发出的牵引和制动指令，完成城市轨道交通列车的牵引和制动功能，与控制电路共同作用实现车辆启动、调速和制动。为了充分发挥车辆的功率，要求车辆能在不同的线路和载荷条件下改变牵引力，车辆主回路必须保证牵引电机的转矩和转速都可进行调节，且有宽广的调节范围。

一、牵引系统主回路原理图

牵引系统主回路原理图1如图2-2所示。

图2-2中，每台牵引逆变器采用两个完全相同的逆变模块及制动斩波电路，每个逆变模块给两台牵引电机供电。每个逆变模块主体结构为两电平电压型三相桥式逆变电路，功率元件采用1700 V/1200 A的IGBT。逆变模块直流端与电网相连，交流输出端与转向架上的牵引电机相连。

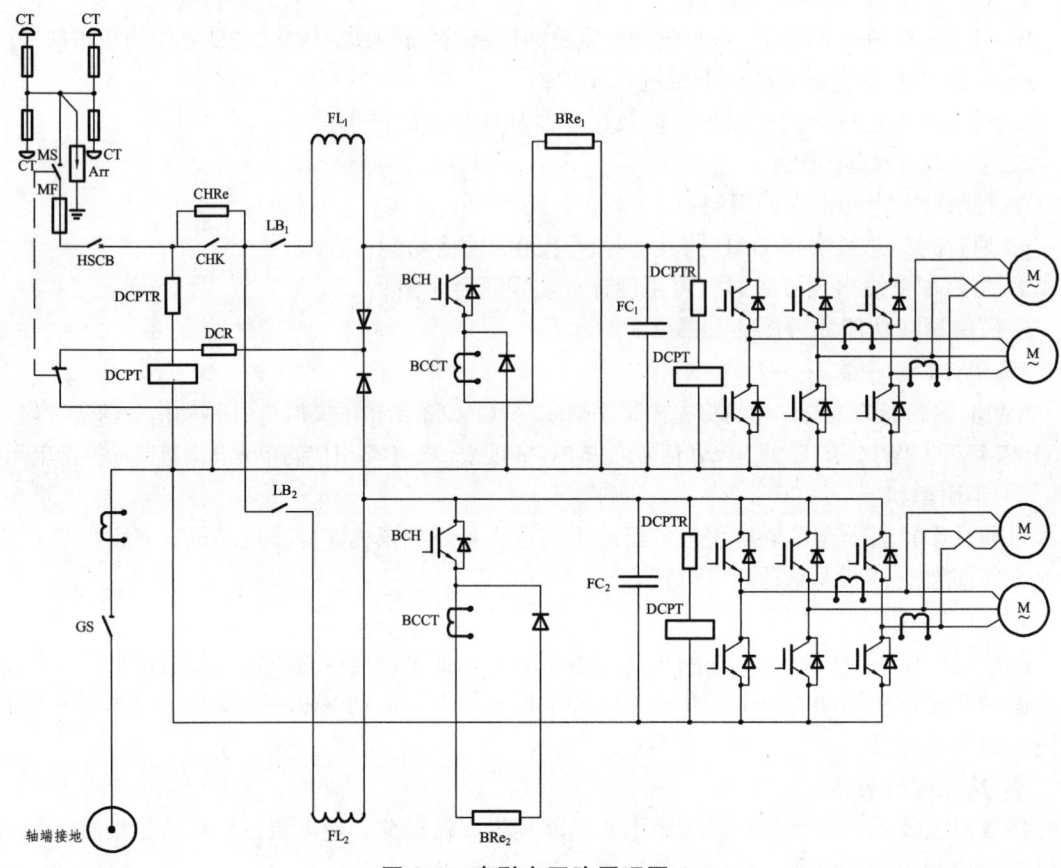

图 2-2 牵引主回路原理图 1

CT—集电靴；Arr—浪涌吸收器；MS—主隔离开关；MF—主熔断器；HSCB—高速断路器；FL—滤波电抗器；
BRe—制动电阻；DCR—放电电阻；BCH—制动斩波器；BCCT—制动电流传感器；FC—滤波电容；
CHK—预充电接触器；CHRe—预充电电阻；LB—线路接触器；
DCPT—直流电流传感器；GS—接地开关

主回路主要设备有：集电靴、避雷器、主隔离开关、高速断路器、牵引逆变器（VVVF 逆变器）、滤波电抗器、制动电阻、牵引电机等。

牵引逆变器中主要设备有：直流电压传感器（DCPT）、制动斩波器（BCH）、滤波电容（FC）、制动电流传感器（BCCT）等。

① 主隔离开关 MS。

主隔离开关为手动开关，不能切断负荷电流，只有在确定电路不带电的情况下才能操作。主隔离开关用于实现 VVVF 逆变器与高压母线间电气上的隔离。为确保人身安全，在维修过程中，维修人员应将主隔离开关从与三轨连接状态转换为接地状态。

② 滤波电抗器（FL）。

滤波电抗器采用空心线圈结构、自然冷却方式。滤波电抗器与滤波电容组成滤波电路，对电网提供的直流电进行滤波。

③ 直流电压传感器（DCPT）。

直流电压传感器用于监测滤波电容电压。

④ 制动斩波器（BCH）。

制动斩波器主体结构为 IGBT 元件。进行电阻制动时，制动斩波器接通制动电阻供电线路，制动能量消耗在制动电阻上。

⑤ 滤波电容（FC）。

滤波电容与滤波电抗器组成滤波电路，对电网提供给牵引逆变器的电能进行滤波。同时，稳定逆变电路直流输入电压，吸收无功能量。

⑥ 制动电流传感器（BCCT）。

制动电流传感器用于检测制动电流的大小。

牵引系统主回路原理图 2 如图 2-3 所示。

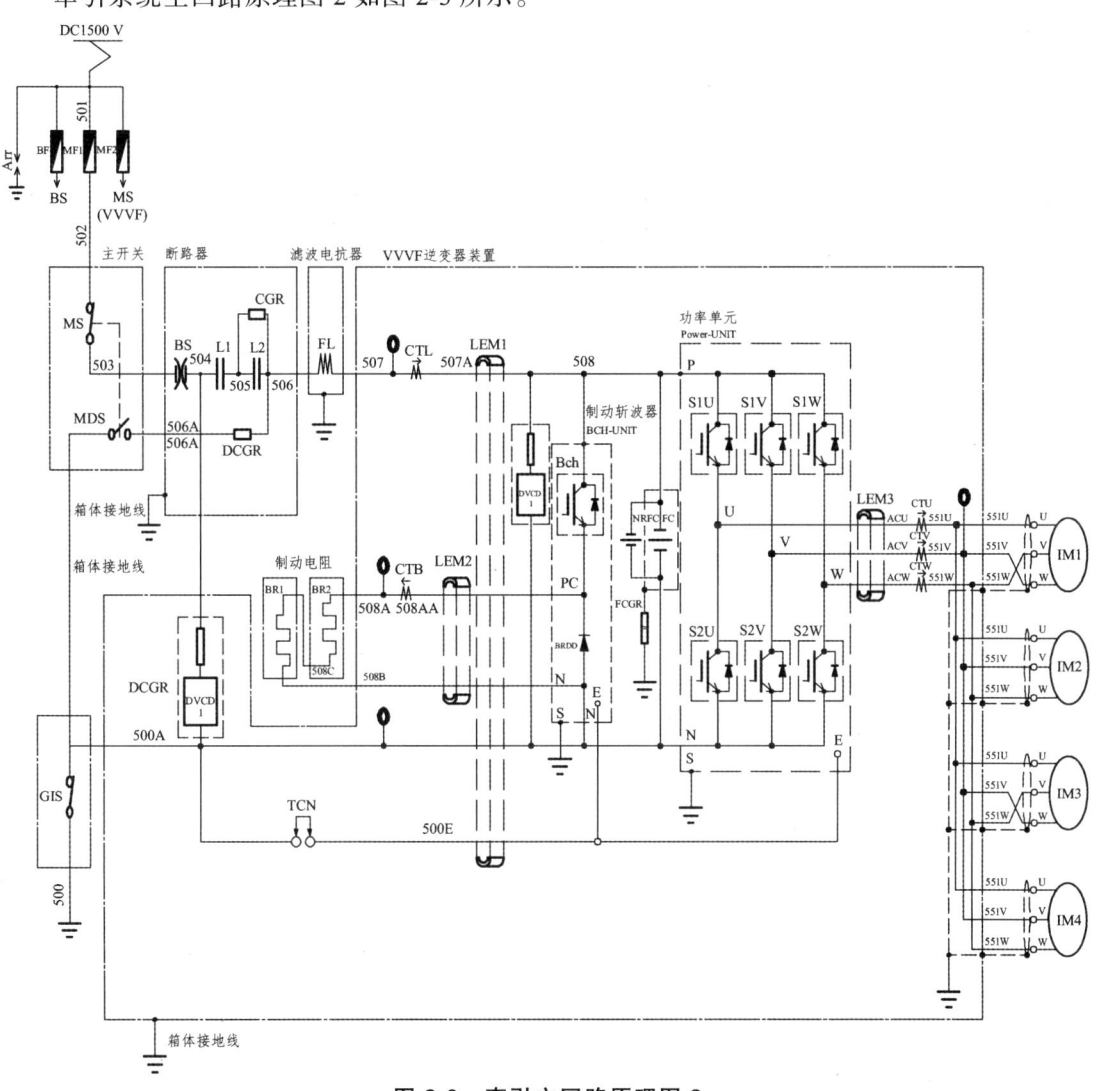

图 2-3 牵引主回路原理图 2

MF—主熔断器；BF—母线熔断器；Arr—避雷器；MS—主隔离开关；HB—高速断路器；L1—线路接触器；
L2—预充电接触器；CGR—预充电电阻；FL—滤波电抗器；DCVD—直流电压检测装置；
BR—制动电阻；BCH—制动斩波器；FC—滤波电容

上图中，VVVF 逆变器的逆变模块使用三相桥式逆变电路，功率元件使用 3300 V/1200 A

的 IGBT。DCPT1 检测接触网电压，并将检测信号送至车辆监控系统，由 DDU 显示。DCPT2 检测滤波电容电压。

主回路中主要设备有：受电弓、主隔离开关、主熔断器、高速断路器、滤波电抗器、VVVF 逆变器、制动电阻、牵引电机等。受电弓安装于动车车顶，其他设备分别安装于动车车底主开关箱、断路器箱、滤波电抗器箱、VVVF 逆变器箱和制动电阻箱等。

2. 牵引主回路的电路结构

牵引主回路的电路由网侧电路、预充电电路、直流滤波电路、电阻制动电路、三相桥式逆变器电路、放电电路和检测电路组成。

（一）网侧电路

网侧电路靠近电网侧，主要由受流装置、避雷器、高速断路器、熔断器和主隔离开关等组成。网侧电路的作用主要是供电、隔离及主回路故障保护。网侧电路结构如图 2-4 所示。

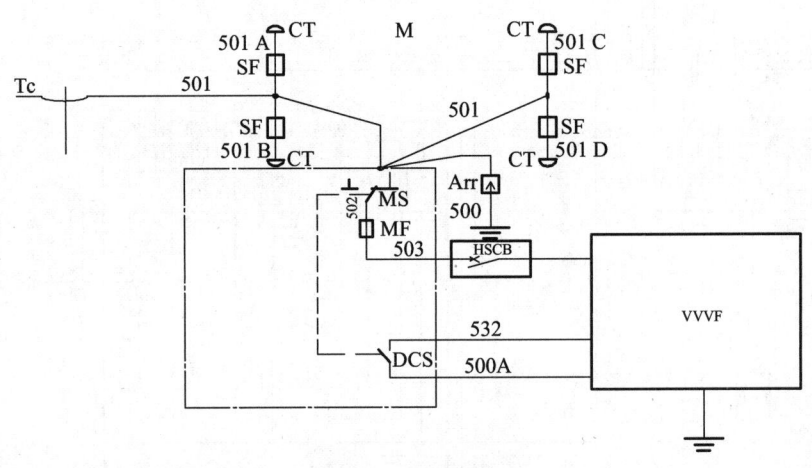

图 2-4　网侧电路

（二）预充电电路

预充电电路用来限制主回路接通瞬间滤波电容受到的较大的电流冲击，即限制主回路接通时滤波电容的充电电流。预充电电路主要由线路接触器、预充电接触器、预充电电阻和滤波电容组成。预充电电路的结构形式主要有两种，如图 2-5 所示。

工作过程（以结构形式 1 介绍）：

预充电电路的工作过程主要分成两个阶段：

① 主回路接通时，线路接触器断开，预充电接触器闭合，预充电电阻接入回路，电网通过预充电电阻给滤波电容充电。由于预充电电阻的分流作用，滤波电容的充电电流较小，滤波电容两端电压缓慢上升。

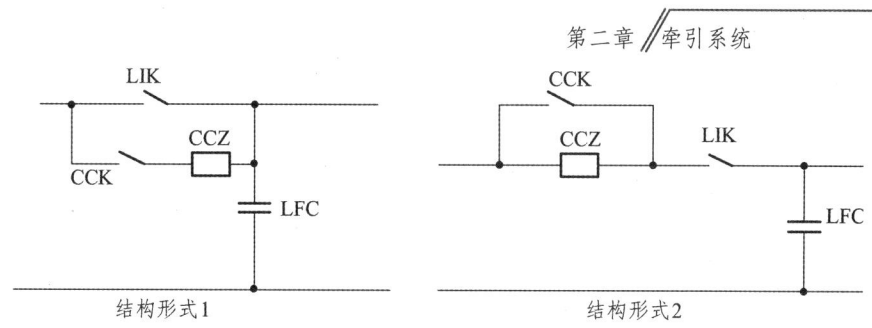

图 2-5　预充电电路的两种结构形式

② 当滤波电容两端电压上升到接近电网电压时（一般为电网电压的 80%），线路接触器闭合，预充电接触器断开，电网直接给滤波电容充电，滤波电容电压快速达到工作电压，并保持恒定。

（三）直流滤波电路

直流滤波电路主要由滤波电抗器和滤波电容器组成，位于牵引主回路逆变电路的直流输入端。滤波电抗器串入牵引主回路，滤波电容并联于逆变电路输入端。直流滤波电路的结构形式如图 2-6 所示。

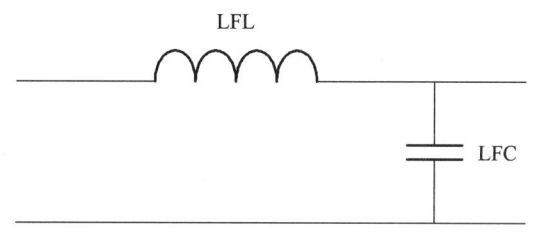

图 2-6　直流滤波电路的结构形式

直流滤波电路在牵引主回路中主要有以下几点作用：
① 与滤波电容构成滤波器，对逆变器的直流侧双向滤波；
② 抑制电网侧发生的过电压，减少其对逆变器的影响；
③ 抑制逆变器因换流引起的尖峰过电压；
④ 抑制逆变器产生的谐波电流对电网的影响；
⑤ 限制逆变器的故障电流。

（四）电阻制动电路

电阻制动电路（制动斩波电路）是一种过电压抑制电路。当牵引主回路直流环节电压过高时，通过控制导通制动斩波器，将电能消耗在制动电阻上，从而达到限制直流环节电压的目的；电制动时，电机能量储存在滤波电容上，若电网不能吸收制动能量，则将制动斩波器导通，让滤波电容对制动电阻放电，从而限制了滤波电容电压。制动电流的大小由制动斩波器的占空比决定，调节制动斩波器的占空比可调节制动电流的大小。

电阻制动电路的作用主要有以下两点：
① 进行电阻制动。电阻制动时，吸收不能再生的制动电能量。

② 过电压保护。当直流输入端出现过电压时，斩波器导通，滤波电容经过制动斩波器对制动电阻放电，将直流输入端电压限制在一定的范围内。

电阻制动电路主要由制动斩波器和制动电阻组成，结构形式如图 2-7 所示。

当滤波电容出现高压时，图中 IGBT 将导通。续流二极管与制动电阻反向并联，主要用来保证在斩波器开通或关断瞬间不至于造成电流突然中断而引起直流回路过压。

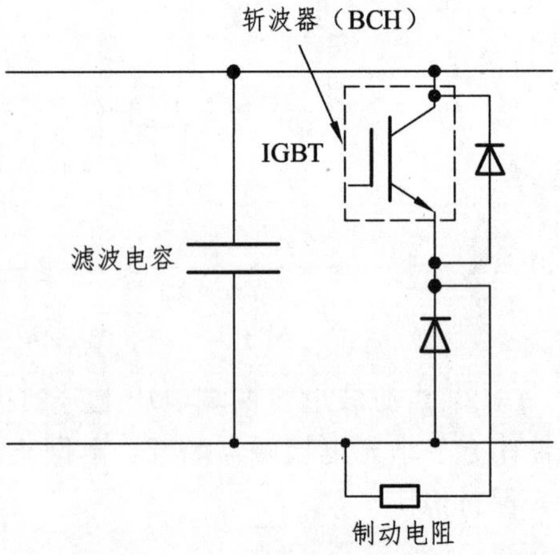

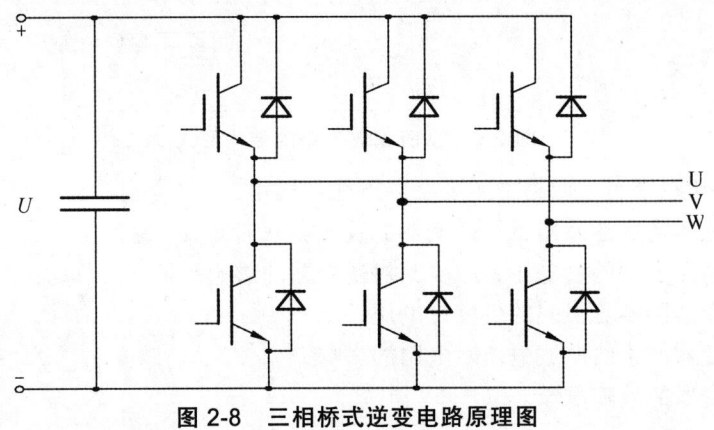

图 2-7 电阻制动电路结构图

（五）三相桥式逆变电路

三相桥式逆变电路的应用是车辆控制技术的革新，在牵引逆变器和辅助逆变器中得到了广泛的应用。牵引主回路中，充分利用三相逆变电路的可逆性，既可将直流电逆变成三相交流电输出，又能工作在整流状态，将牵引电机产生的三相交流电整流成直流电。一般采用电压型三相桥式逆变电路，它由 6 个 IGBT 元件反向并联 6 个二极管组成。直流输入端并联 1 个大电容，交流电由逆变电路每个半桥的中点输出。电路原理图如图 2-8 所示。目前，三相桥式逆变电路主要采用两种调制方式：180°导电型和 PWM 型。PWM 型逆变电路输出为等效于正弦波的一组脉冲序列，谐波分量较少，应用更为广泛，但对控制的要求更高。

图 2-8 三相桥式逆变电路原理图

工作状态：
① 牵引时，三相桥式逆变电路工作在逆变状态，将直流电逆变成三相交流电输出。
② 电制动时，三相桥式逆变电路工作在整流状态，将交流电整流成直流电输出。

（六）放电电路

放电电路是为主回路在非工作状态时操作主回路设备，避免残留的电荷造成触电危险而设置的快速释放滤波电容中残留电荷的电路。不同的车辆的放电电路结构形式有所不同，下面介绍三种放电电路。

1. 结构形式 1

电路结构图如图 2-9 所示。

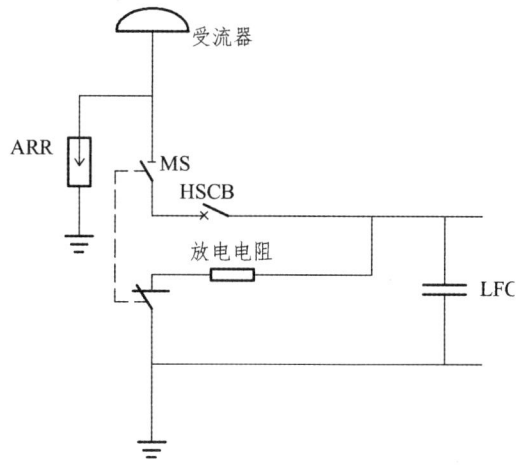

图 2-9　放电电路结构形式 1

图中，MS 为主隔离开关，LFC 为滤波电容。在主隔离开关断开的同时，放电电路接通。滤波电容中的残留电荷通过放电电阻快速释放掉。

2. 结构形式 2

电路结构图如图 2-10 所示。

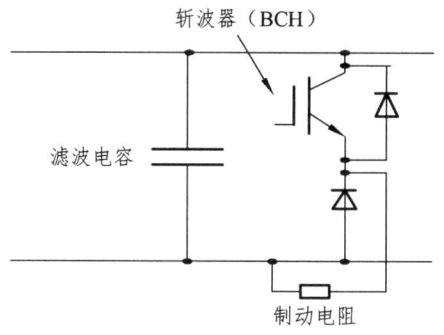

图 2-10　放电电路结构形式 2

电阻制动电路充当放电电路。当牵引逆变器停止工作后，为了保证人身安全，在牵引控制单元的控制下，制动斩波器导通，滤波电容对制动电阻快速放电。

3. 结构形式 3

电路结构图如图 2-11 所示。

在滤波电容两端并联固定保护电阻，也具有放电功能，滤波电容中储存的电荷会对固定放电电阻慢慢释放掉，一般要求对电阻放电 5 min 内电压降到 50 V 以下。

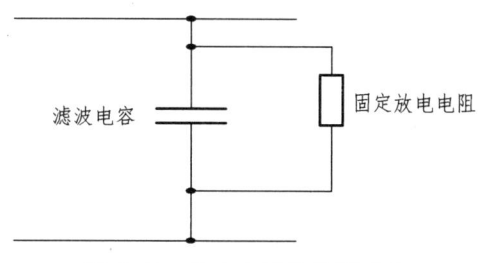

图 2-11　放电电路结构形式 3

（七）检测电路

检测电路用来检测牵引主回路工作时各状态量，为主机和牵引控制单元提供控制信号，起监控和保护牵引主回路的作用。检测电路由各种电压传感器、电流传感器、差动电流传感器、速度传感器等检测装置组成。牵引主回路中，利用电压传感器检测电网电压、逆变电路直流输入电压、逆变器输出线电压等，控制逆变器牵引和制动工作，同时实现电路过压和欠压保护；利用电流传感器检测直流输入电流、制动电流、逆变器输出相电流等，实现电机控制及过流、过载的保护；差动电流传感器（电流平衡继电器）主要用来检测牵引主回路输入输出电流差值，依此来判断牵引主回路是否存在接地故障等。

三、牵引主回路工况

牵引主回路的主要功能是完成牵引系统的牵引/制动，有牵引、电制动两种不同的工况。

（一）牵引工况

牵引工况时，电网向牵引逆变器供电，牵引逆变器工作在逆变状态，它将接触网提供的直流电转换成三相变压变频的交流电输出给牵引电机。此时，牵引电机工作在电动机状态，将电能转换成机械能驱动列车运行。

牵引工况时，主回路的工作框图如图 2-12 所示。

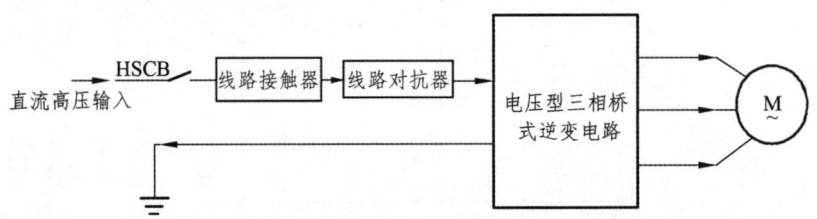

图 2-12　牵引工况时主回路的工作框图

牵引工况时，电能传递路径如图 2-13 所示。

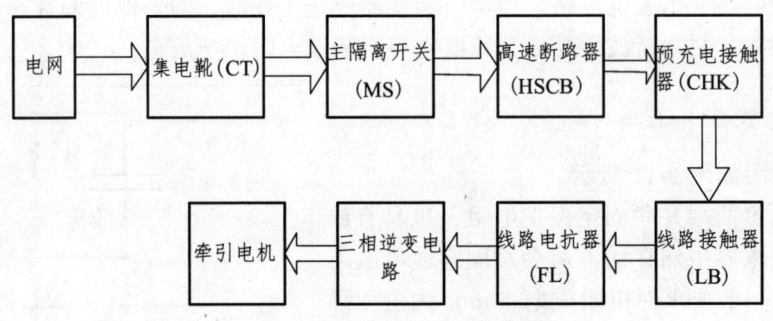

图 2-13　牵引工况时电能传递路径

(二)电制动工况

电制动分为再生制动和电阻制动,再生制动优先。

电制动工况时,牵引电机作为发电机,牵引逆变器工作在整流状态,此时,接触网停止给牵引系统供电。牵引电机的机械能转换成电能向电网回馈,即再生制动。若电网不能吸收回馈的制动能量,则将制动能量消耗在制动电阻上,以热能形式消耗掉,即电阻制动。电阻制动时,制动电流的大小与制动斩波器的占空比有关,制动斩波器的占空比越大,制动电流越大。

电制动工况时,主回路工作框图如图 2-14 所示。

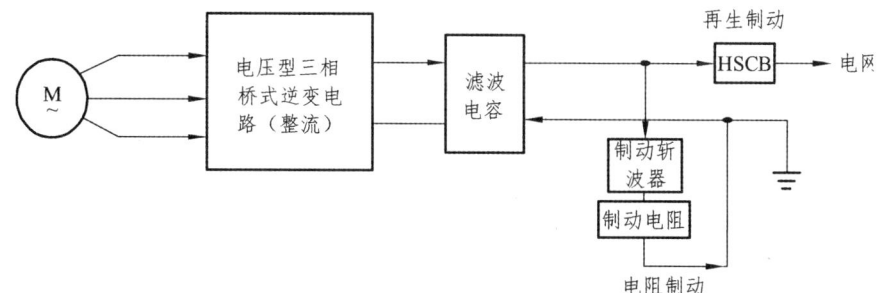

图 2-14　电制动工况时主回路工作框图

电制动工况时,电能传递路径如图 2-15 所示。

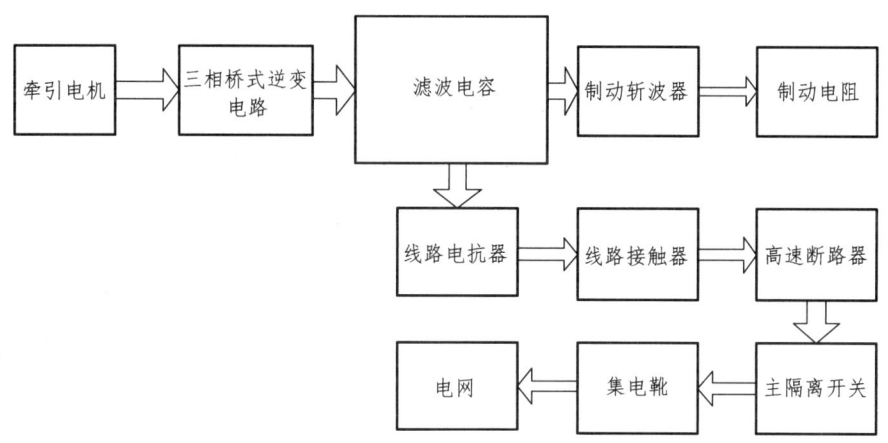

图 2-15　电制动工况时电能传递路径

四、牵引主回路工作状态

牵引主回路的工作分为四个部分:滤波电容充电、逆变器逆变或整流、滤波电容对电网放电(再生制动)、滤波电容对制动电阻放电(电阻制动)。

(一)滤波电容充电

滤波电容是牵引主回路中直流连接电路的重要设备,它能稳定电压,吸收交流分量,并和线路电抗器组成线路滤波器。牵引主回路开始工作前，滤波电容中基本没有电荷。牵引主回路开始工作后，电网首先要对滤波电容进行充电。

滤波电容的充电路径如图2-16所示。

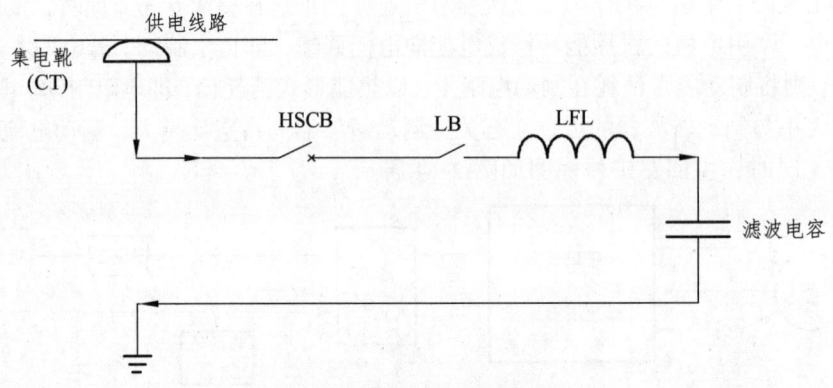

图2-16　滤波电容的充电路径

（二）直流电向三相交流电逆变

滤波电容充电完成之后，由三相桥式逆变电路将直流电转换成三相交流电。

（三）牵引电机发电对滤波电容充电

牵引控制单元接收到电制动指令后，就会控制牵引主回路工作在电制动状态。电制动时，牵引电机作为发电机，将机械能转换成电能，输出三相交流电。牵引电机输出的三相交流电经整流后，对滤波电容进行充电。

牵引电机发电对滤波电容充电示意图如图2-17所示。

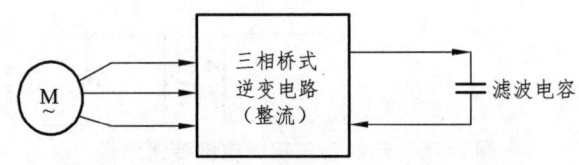

图2-17　牵引电机发电对滤波电容充电示意图

（四）滤波电容对电网放电

电制动时，牵引电机输出的电能储存在滤波电容中，滤波电容的电压会上升，而滤波电容电压必须维持稳定，不允许太高，多余的电荷必须释放掉。若实现再生制动的条件能得到满足，滤波电容首先会对电网释放电荷。实现再生制动的条件是：

① 逆变电路直流输入端电压高于电网电压；

② 同一供电区段内有其他用电设备吸收回馈的电能。

滤波电容对电网放电示意图如图2-18所示。

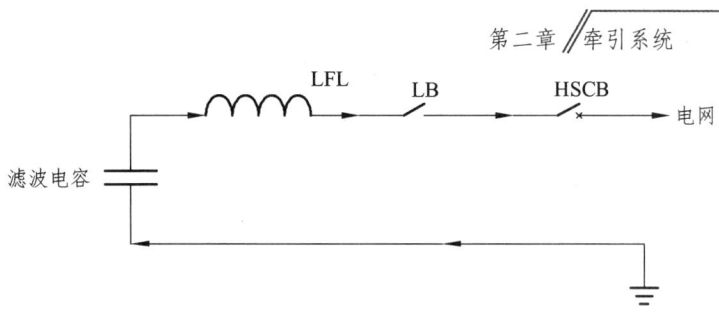

图 2-18 滤波电容对电网放电示意图

（五）滤波电容对制动电阻放电

电制动时，若实现再生制动的条件不能得到满足，滤波电容上储存的电荷将会对制动电阻释放。此时，牵引控制单元控制制动斩波器导通，滤波电容通过制动斩波器对制动电阻放电，将制动能量在制动电阻上消耗掉。

滤波电容对制动电阻放电示意图如图 2-19 所示。

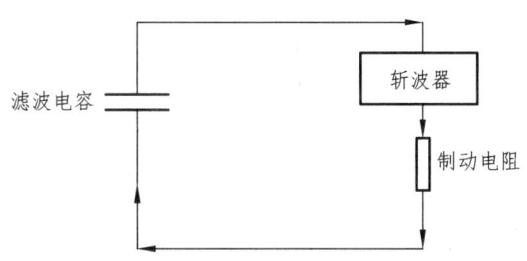

图 2-19 滤波电容对制动电阻放电示意图

第三节 牵引系统的工作原理

牵引系统作为地铁列车的动力系统，是既重要又复杂的一个系统。本节将从牵引系统工作条件、牵引系统工作框图和牵引系统工作模式三个方面对牵引系统进行介绍。

一、牵引系统工作的条件

牵引系统的控制由牵引控制单元完成。牵引控制单元综合车辆各设备的状态，比较设定条件，来判定牵引与否；根据牵引参考值来判定进行牵引或制动，计算所需牵引力/制动力的大小，从而控制牵引逆变器按要求工作。

牵引系统至少要满足以下三个条件才会开始工作：
① 牵引方向；
② 牵引控制单元接收到牵引授权指令；
③ 牵引控制单元收到牵引参考值。

（一）牵引方向

牵引方向由主控制器的方向手柄给出。在列车处于静止状态下，必须操作方向手柄确定列车的运行方向。如果在列车运行过程中改变方向手柄的位置，牵引控制单元将会封锁牵引授权指令。

（二）牵引授权指令

牵引授权指令由列车启动联锁控制电路给出，只要列车启动所需的条件都得到满足，则向牵引控制单元发出牵引授权指令。列车启动所需的条件主要有以下几点：
① 所有客室车门关好；
② 疏散门关好；
③ 主风缸压力不低于列车启动所需的最小值；
④ 紧急制动已缓解；
⑤ 所有空气制动和停放制动已缓解。

（三）牵引参考值

牵引参考值由主控制手柄或 ATO 设备给出。

手动驾驶时，由主控制手柄给出牵引参考值。主控制手柄在不同的位置给出不同的模拟电流信号。此模拟信号代表所需牵引/制动力的大小，再经过 PWM 编码器转换成 PWM 信号后发给牵引控制单元，牵引控制单元依据此 PWM 信号控制逆变器。

自动驾驶时，牵引参考值由 ATO 设备给出。

二、牵引系统工作框图

牵引系统主要由受流装置、HSCB、牵引逆变器、牵引控制单元、牵引电机、制动电阻等组成，它们彼此之间按照一定的方式协调工作。牵引系统工作框图如图 2-20 所示。

下面对牵引系统工作框图作简单说明。

① TCMS：列车控制与监测系统，即列车的大脑，用来监测、控制列车上重要设备的工作状况。
② DCU：牵引控制单元，主要用来控制牵引逆变器根据需要输出一定形式的交流电。同时，控制线路接触器、预充电接触器、制动斩波器等。控制列车的制动状态、再生制动向电阻制动的转换以及控制制动电流的大小等。
③ TCMS 主机与 ATO 主机、DCU 之间通过总线进行通信，一般使用 MVB 总线。
④ PWM 编码器与 DCU 之间通过 PWM 硬线连接。PWM 硬线用于紧急牵引时向牵引控制单元和微机制动控制单元传输 PWM 脉冲信号。
⑤ DCU 监测牵引电机的转速，用于闭环控制牵引电机。
⑥ 主控制手柄在不同位置将给出不同的模拟电流信号。

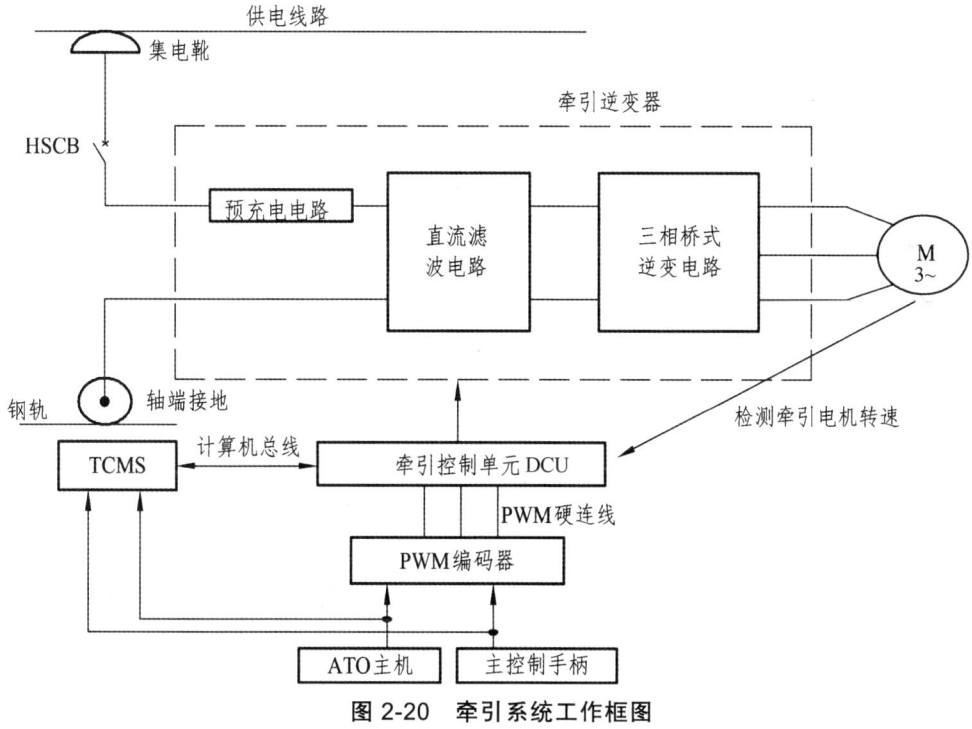

图 2-20 牵引系统工作框图

三、牵引系统的工作模式

城市轨道交通车辆运行环境复杂,牵引状态受线路情况、信号状态、车辆自身设备状态等各种因素的影响,从而决定了牵引系统的工作模式必须多样化。

牵引系统的工作模式主要有以下几种:

① 正常牵引:分为自动驾驶(ATO、AR)和手动驾驶(SM、RM、WM、URM 等);
② 紧急牵引;
③ 坡起牵引;
④ 高加速牵引。

(一)正常牵引

牵引参考值有两种传输方式,即总线传输和 PWM 硬线传输。正常牵引时,牵引参考值信号通过总线网络传输。列车通信网络正常时,列车可以进行正常牵引。正常牵引时,根据驾驶方式不同,有自动驾驶和手动驾驶两种方式。

1. 自动驾驶

自动驾驶时,牵引参考值由 ATO 主机给出,由 TCMS 主机车辆控制单元接收 ATO 主机信号,再通过总线传输给牵引控制单元。

自动驾驶时工作原理框图如图 2-21 所示。

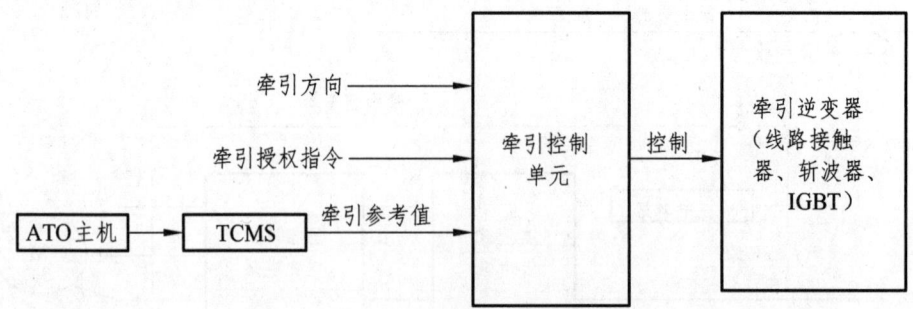

图 2-21　自动驾驶时工作原理框图

2. 手动驾驶

手动驾驶时,牵引参考值由主控制手柄给出,同样由 TCMS 主机车辆控制单元接收主控制手柄发出的信号,再通过总线传输给牵引控制单元。

手动驾驶时工作原理框图如图 2-22 所示。

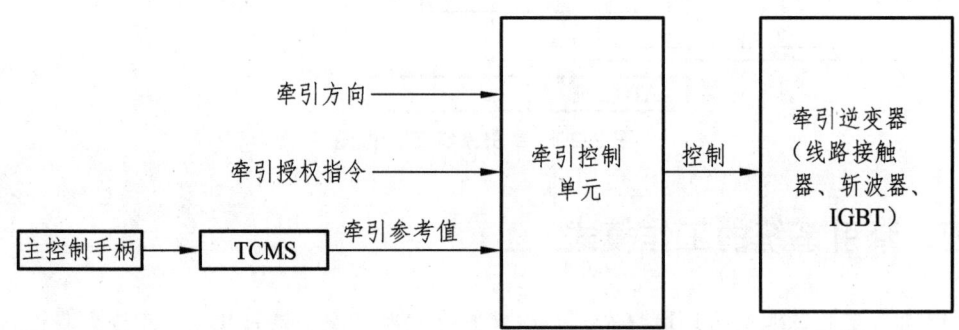

图 2-22　手动驾驶时工作原理框图

（二）紧急牵引

正常牵引时,PWM 信号通过列车总线网络传递到牵引系统。若列车通信网络故障,列车必须进行紧急牵引,此时主控制手柄给出的牵引参考值模拟信号经编码器编译成 PWM 信号,再通过 PWM 硬线传递给牵引控制单元。紧急牵引时,只能进行手动驾驶。

紧急牵引时工作框图如图 2-23 所示。

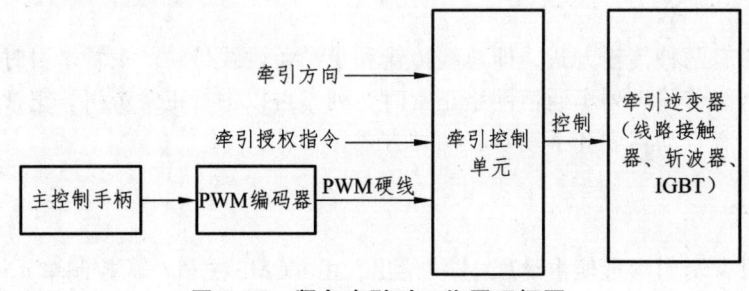

图 2-23　紧急牵引时工作原理框图

（三）坡起牵引

当列车停在坡道上时，为了保证列车能正常启动而不至于后溜，需采用坡起牵引模式，在牵引系统工作的同时给列车施加一定的制动力。此时，列车牵引力已施加，但常用制动未完全缓解，列车会带闸前进，常用制动一般在 2 s 内自行缓解。根据驾驶方式的不同，坡起牵引分为自动驾驶和手动驾驶两种情况。

① 自动驾驶模式：坡起牵引命令自动执行，牵引系统在列车带有制动力的情况下施加牵引，当牵引转矩逐渐增加后，坡起牵引命令被取消。

② 手动驾驶模式：坡起牵引命令通过按下坡起按钮来执行。当列车具有足够的速度之后，司机应当释放坡起按钮，并且车速超过 2 km/h 后自动切除该指令。

（四）高加速牵引

当接通高加速模式开关时，牵引控制单元接收高加速指令，系统进入高加速模式，转矩指令被增加至标准值的 1.335 倍，产生更大的加速度以便爬坡。

高加速牵引时工作框图如图 2-24 所示。

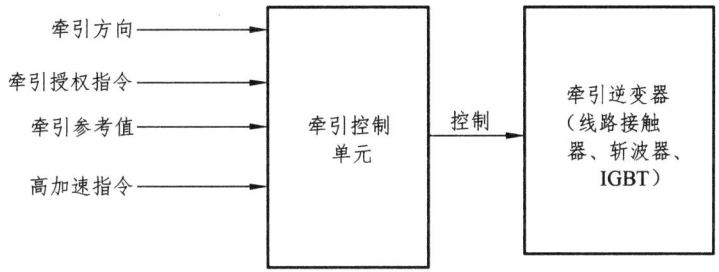

图 2-24　高加速牵引时工作框图

课后练习题

1. 牵引系统如何分类？
2. 电压型逆变电路与电流型逆变电路的差别是什么？
3. 简述气动受电弓升降弓过程。
4. 交流传动牵引系统主回路的主要部件有哪些？
5. 高速断路器属于哪个系统的设备？主要有怎样的作用？
6. 简述牵引电机在地铁列车上的布置方案，采用何种供电方式。
7. 牵引逆变器的作用是什么？
8. 牵引主回路中有哪些保护性器件？各起到怎样的作用？
9. 我国地铁供电电压制式主要有哪两种？各采用哪种供电方式供电？
10. 简述牵引主回路主要由哪几种电路组成。

11. 预充电电路的作用是什么？结构形式是怎样的？
12. 牵引主回路中直流环节滤波电路的作用是什么？
13. 在什么情况下会进行电阻制动？电阻制动时制动电流与什么有关？
14. 简述三相桥式逆变器的结构，并画出电压型三相桥式逆变电路的电路图。
15. 写出下列英文缩写的中文名称：
    SPWM、DCU、TMS、TCMS、VVVF、HSCB、IGBT
16. 牵引系统主要有哪几种工作状态？工作在何种状态主要由什么决定？
17. 列车进行再生制动需要具备的基本条件是什么？

第三章　辅助供电系统

辅助供电系统是城市轨道交通车辆电气系统的重要组成部分，主要任务是为车辆中/低压电源、客室照明、空调、通风机、空气压缩机，以及其他低压用电设备提供所需的各种不同电压。

辅助逆变器是辅助供电系统的主要部件。在国内城市轨道交通车辆上，辅助逆变器均采用静止式逆变器，它具有输出电压的品质好、功率因数高、工作性能安全可靠等优点。

本章主要介绍城市轨道交通车辆辅助供电系统的组成结构、中压供电分配电路、低压供电分配电路和列车扩展供电电路等内容。

第一节　辅助供电系统概述

一、辅助供电系统的功能

辅助供电系统（辅助电源系统/辅助电源）是为除牵引系统之外的所有车载用电设备供电的一套系统。

二、辅助供电系统的组成

辅助供电系统主要由辅助逆变器、蓄电池充电器和蓄电池三部分组成。

辅助逆变器一般采用静止逆变器，简称 SIV。辅助逆变器将电网电能转换成 AC380 V/AC220 V、50 Hz 的交流电输出，为列车上的交流负载供电。

蓄电池充电器主要输出 DC110 V 电能，为车辆控制装置、蓄电池充电等直流负载供电。

蓄电池作为直流备用电源，在列车启动和紧急情况下（失去高压电源时）为列车提供 DC110 V 电能。列车正常运行时，蓄电池处在浮动充电状态。

三、辅助供电系统的负载

辅助供电系统的负载几乎包括列车上的所有用电设备，可以将这些负载根据使用电能不同分为以下几类：

① AC380 V、50 Hz 三相负载：空气压缩机单元、空调装置、通风冷却装置等。

② AC220 V、50 Hz 单相负载：客室正常照明、司机室方便插座、客室维修用方便插座等。

③ DC110 V 负载：列车控制系统、列车控制电路、列车信号系统、乘客信息系统、客室紧急照明、紧急通风、电动车门驱动电机等。

除了以上三种负载之外，还有极少量的 DC24 V 负载，如司机室阅读灯、列车前照灯等。

四、车间电源

辅助供电系统在有电网供电区域，由电网供电；在没有电网供电的区域，来自于车间电源。一般在检修车间内设有车间电源，通过列车车底高压箱内车间电源插座，向列车提供高压电能。车间电源与电网之间存在电气联锁，两者不可同时为列车供电。在电网供电时，必须断开车间电源，电网为列车供电时，列车不可接车间电源。

车间电源只能为辅助供电系统提供电能，不能为牵引系统供电。车间电源向列车供电时，列车必须处于静止状态。

五、辅助供电系统供电框图

图 3-1 所示为车辆上常见的一种辅助供电系统框图，其中包含辅助供电系统的主要负载设备。不同车辆的辅助供电系统框图略有差异。

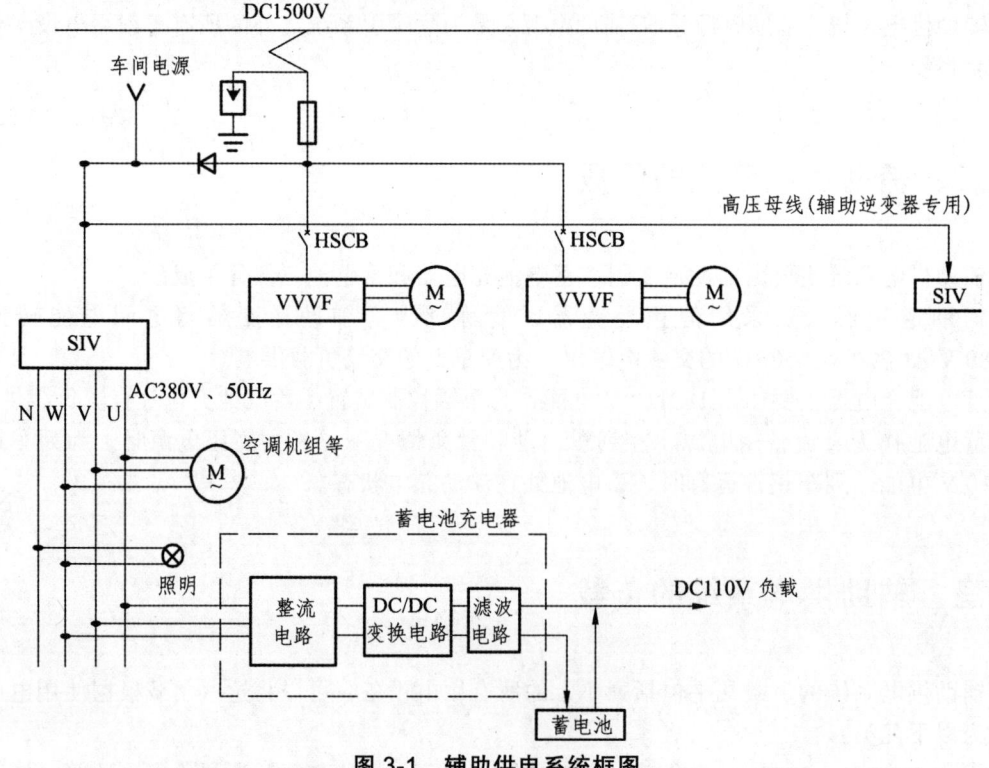

图 3-1 辅助供电系统框图

第二节　辅助逆变器

一、辅助逆变器的作用

辅助逆变器简称 SIV（又称静止逆变器，即指辅助逆变器输出电压和频率为恒定值）。辅助逆变器相对于牵引逆变器，其结构及控制相对简单。它输出工频 50 Hz 交流电，采用三相四线制，能满足车辆上 AC380 V 和 AC220 V 交流负载的用电需求。

二、辅助逆变器的分类

（1）按辅助逆变器转换直流源类型分类：
① 电压源逆变器；
② 电流源逆变器。
目前，国内城市轨道交通车辆上主要采用电压源逆变器。
（2）按辅助逆变器在列车上的布置方式不同分类：
① 集中式辅助逆变器；
② 分散式辅助逆变器。
集中式辅助逆变器相对于分散式辅助逆变器具有一定的优势，在城市轨道交通车辆上越来越多地采用集中式辅助逆变器。

（一）集中式辅助逆变器

集中式辅助逆变器是指城市轨道交通车辆上每个单元布置一台辅助逆变器，每台辅助逆变器只为本单元的交流负载供电。正常情况下，辅助逆变器输出的电能不向其他单元供电，只有在某一台辅助逆变器故障的情况下，扩展供电单元工作，将其他单元辅助逆变器输出的交流电能引入本单元。

集中式辅助逆变器的供电简图如图 3-2 所示。

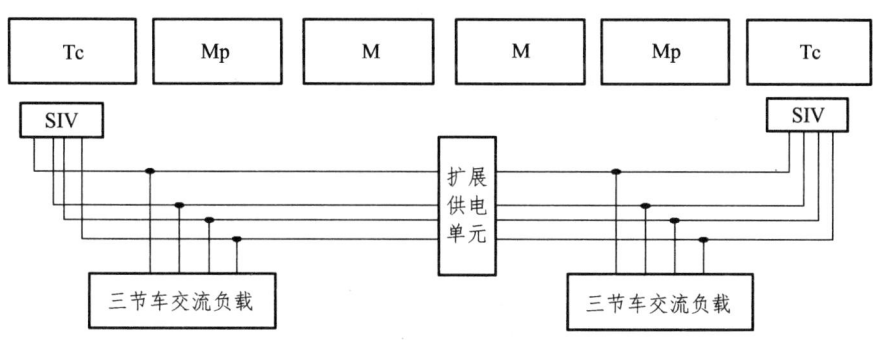

图 3-2　集中式辅助逆变器供电简图

（二）分散式辅助逆变器

分散式辅助逆变器是指城市轨道交通车辆上每个单元布置超过一台辅助逆变器，逆变器在规格上相同，各逆变器并联连接，采用交叉供电方式，使每节车不会因自身辅助逆变器故障而造成停电事故。

分散式辅助逆变器主要采用两路交叉供电的方式，一个单元的所有辅助逆变器并联运行，为整列车一半的交流负载供电；另一个单元所有辅助逆变器也并联运行，为整列车另一半的交流负载供电。南京地铁1号线车辆采用这种方式。当一个单元内所有辅助逆变器故障时，列车仍然有一半负载工作，这种情况出现几率比较低。

分散式辅助逆变器采用的两路交叉式供电简图如图3-3所示。

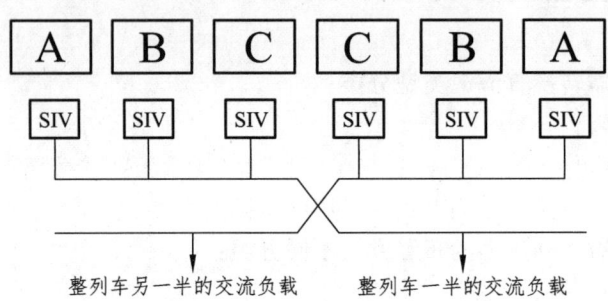

图3-3　两路交叉式供电简图

三、辅助逆变器的基本结构

辅助逆变器是将接触网提供的直流电转换成交流电输出，主要采用以下两种形式。

（一）结构形式1

结构形式1的电路结构图如图3-4所示。

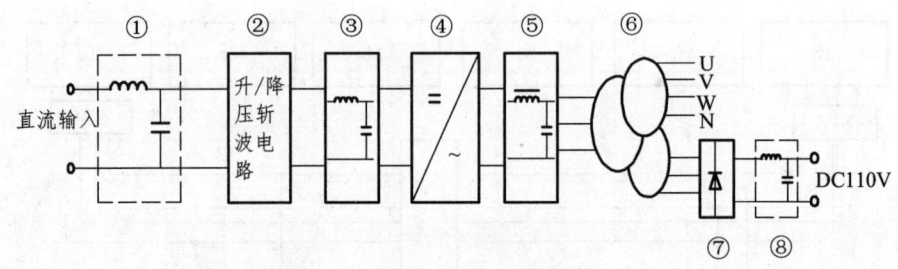

图3-4　辅助逆变器结构形式1

①、③、⑤、⑧—滤波电路；②—升/降压斩波电路；④—逆变电路；⑥—隔离变压器；⑦—整流桥

(二)结构形式 2

结构形式 2 的电路结构图如图 3-5 所示。

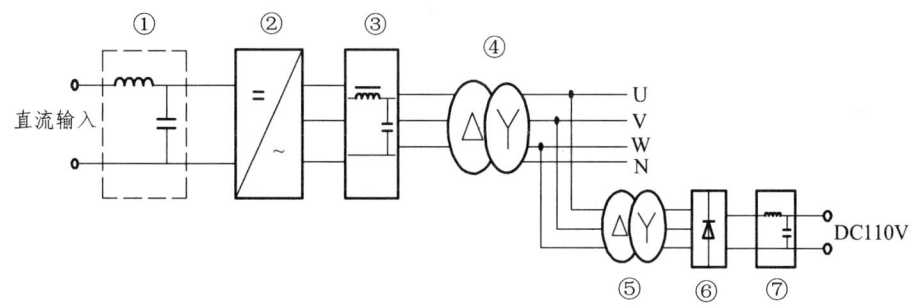

图 3-5 辅助逆变器结构形式 2
①—直流输入滤波模块;②—三相逆变电路;③—三相滤波器;④—隔离变压器;
⑤—降压变压器;⑥—二极管整流电路;⑦—输出滤波器

结构形式 2 的辅助逆变器应用非常广泛。目前,很多地铁列车的辅助逆变器都采用这种结构形式。

(三)工作原理

两种形式的辅助逆变器结构十分相似,工作原理也基本一致。下面介绍它们的主要模块。

1. 直流输入滤波模块

直流输入滤波模块主要由保护电路、LC 滤波电路、滤波电容充电电路组成,各部分的功能如下:

① 保护电路一般由隔离开关、熔断器和辅助高速断路器组成。隔离开关的作用是将辅助逆变器和高压回路隔离,便于设备检修和维护。熔断器和辅助高速断路器用于辅助逆变器的过载和短路保护。

② LC 滤波电路的功能是滤除输入电压中的交流谐波,使输入电压稳定,在不切断整个逆变电源的情况下,抑制来自线路的较大的尖峰电压,为逆变电源抵挡来自线路的低频干扰电流,限制逆变电源的启动电流。

③ 滤波电容的充电电路用来限制辅助回路接通瞬间滤波电容的充电电流。滤波电容充电电路中短接充电电阻的开关均采用了功率开关元件。

2. 三相逆变电路

三相逆变电路是由 6 个功率开关元件组成的桥式结构,目前,功率开关元件普遍采用 IGBT。三相逆变电路采用 SPWM 控制技术,根据输出电压的反馈值以及输入电压和负载的变化,通过检测各相电流值来校正输出电压,保证输出电压恒定。

3. 三相交流滤波电路

由于三相逆变电路输出电压中含有大量的谐波，为避免谐波对负载工作的影响，采用三相交流滤波电路来滤掉逆变电路输出交流电中除工频交流电之外的其他交流谐波。三相交流滤波电路如图 3-6 所示，由电感和电容串联而成。

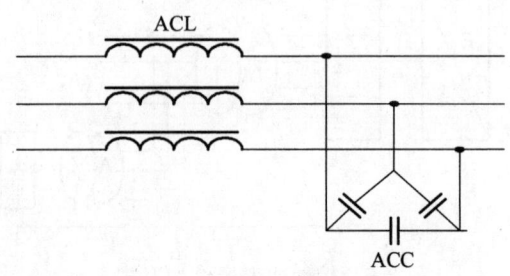

图 3-6 三相交流滤波电路

4. 隔离变压器

辅助逆变器中的隔离变压器为三相变压器，原边绕组采用三角形接法，次边绕组采用星形接法，由次边中性点接出零线构成四线制输出方式。隔离变压器主要有两个作用，即隔离和变压。隔离变压器将高压系统与辅助系统隔离，避免两侧相互干扰；同时将逆变器输出电压调整到额定电压输出。

5. 降压变压器

降压变压器将逆变器输出的 AC380 V 电能变换成 AC85 V 和 AC20 V 电能，通过整流装置整流输出 DC110 V 和 DC24 V 电能，为车辆的直流负载供电。

四、辅助逆变器的启动

辅助逆变器的启动需要具备以下两个最基本的条件：
① 辅助逆变器控制单元要接收到"高压存在"信号；
② 存在 DC110 V 电源。

列车正常激活后，蓄电池可以为辅助逆变器控制单元提供电源；受电弓正常升起或车间电源正常插入车间电源插座后，辅助逆变器都会接收到"高压存在"信号。上述两条件得到满足后，辅助逆变器就会在辅助控制单元的控制下自动启动。

（一）正常启动

列车激活后，蓄电池为辅助逆变器控制单元（ACU）供电，辅助逆变器控制单元开始自检启动。辅助控制单元启动完成后等待"高压存在"信号。受电弓正常升起后，直流高压电能被引入列车，若电网电压正常，辅助控制单元接收到"高压存在"信号，控制辅助逆变器开始工作。当输出电压达到额定电压后，辅助控制单元控制交流输出接触器闭合，接通负载电路。

采用第三轨供电、集电靴受流的地铁车辆，辅助逆变器的启动方式与受电弓受流的车辆的类似。SIV 当有 DC110 V 控制电源和 DC750 V 电源输入时，SIV 能够自动启动。当第三轨电压中断 2 min 以上重新输入时，SIV 也能够自动启动。

辅助逆变器正常启动过程框图如图 3-7 所示。

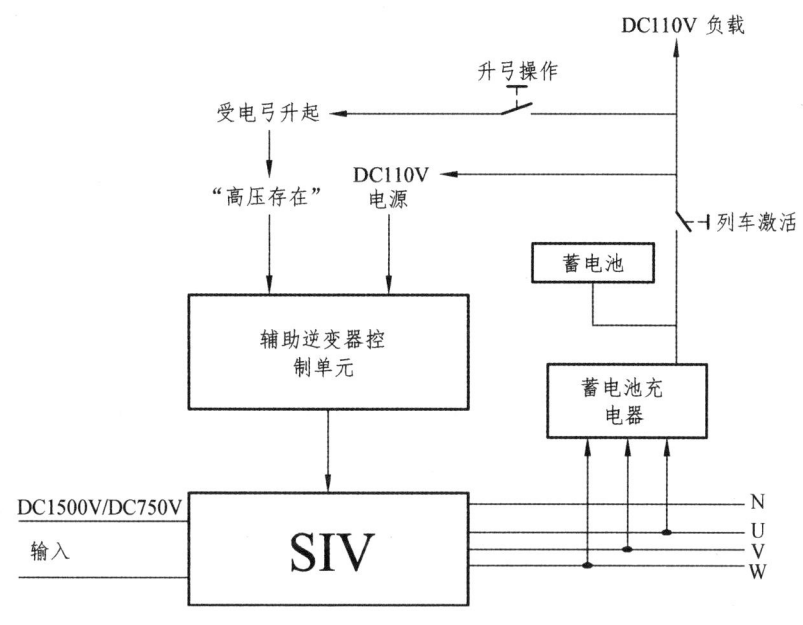

图 3-7 辅助逆变器正常启动框图

（二）辅助逆变器紧急启动

当蓄电池欠压（一般指蓄电池电压低于 84 V）时，列车不能正常激活，受电弓无法正常升起，辅助逆变器无法正常启动。此时可通过操作辅助逆变器紧急启动开关来紧急启动辅助逆变器。辅助逆变器紧急启动过程框图如图 3-8 所示。

辅助逆变器内部安装有应急蓄电池（自举蓄电池）。在蓄电池欠压的情况下，应急蓄电池可以为辅助逆变器控制单元提供启动电能，同时，应急蓄电池向受电弓控制电路供电。操作辅助逆变器紧急启动开关后，辅助逆变器控制单元由应急蓄电池供电，自检启动，并等待接收高压存在信号。在辅助逆变器控制单元启动的同时，受电弓控制电路控制受电弓升起，电网电压正常，受电弓将高压电能引入列车，辅助控制单元就控制辅助逆变器开始工作。辅助逆变器输出额定交流电后，蓄电池充电器开始工作。蓄电池充电器正常工作后，应急蓄电池转入充电状态，辅助控制单元由蓄电池充电器供电。

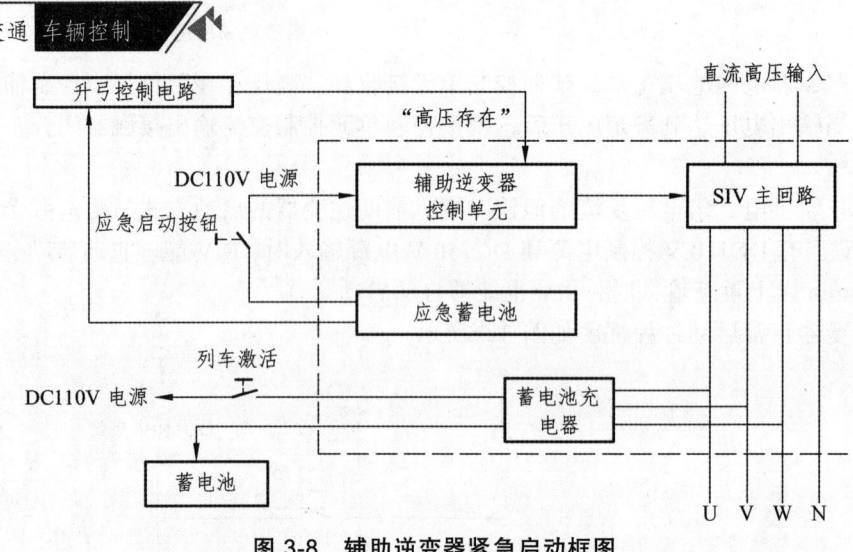

图 3-8 辅助逆变器紧急启动框图

五、辅助逆变器的停止

辅助控制单元接收到停机指令后,辅助控制单元优先控制断开交流输出接触器,然后控制辅助逆变器停止工作。列车休眠后,辅助控制单元停止工作。

第三节 蓄电池充电器及蓄电池

一、蓄电池充电器的基本功能

蓄电池充电器将输入电压转换成电位分离的 DC110 V 电能输出。在正常运行模式下,蓄电池充电器的主要功能是为车辆提供 DC110 V 电源,同时为车载蓄电池进行充电。

二、DC110V 负载

① 头灯、尾灯、运行灯(少数列车,头灯,尾灯使用 DC24 V 电能);
② 客室应急照明(特殊情况除外);
③ 司机室照明;
④ 紧急通风(启动应急逆变器);
⑤ 车门驱动装置(车门电机);
⑥ 列车控制电路;
⑦ 列车信号系统;

⑧ 列车网络控制系统；
⑨ 乘客信息系统。

说明：DC110V 还能被转换成+24 V 和+12 V 直流电，供控制单元等模块使用。

三、蓄电池充电器分类

蓄电池充电器分为两种：独立式蓄电池充电器和非独立式蓄电池充电器。

（一）独立式蓄电池充电器

独立式蓄电池充电器一般应用于辅助逆变器分散式布置的城市轨道交通车辆上。输入电能直接由电网提供。

独立式蓄电池充电器电路框图如图 3-9 所示。

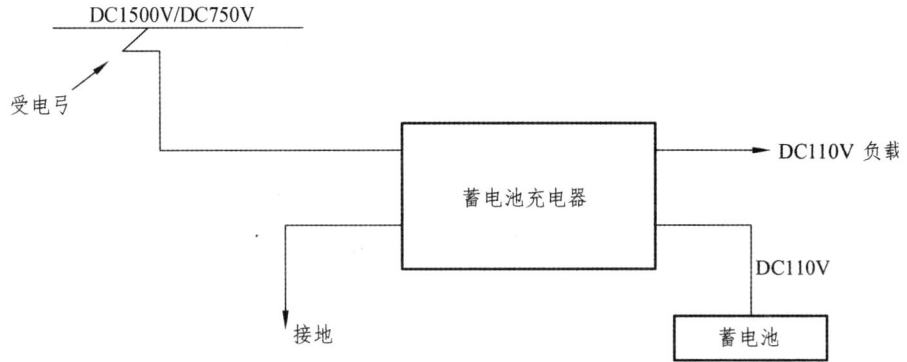

图 3-9　独立式蓄电池充电器电路框图

独立式蓄电池充电器基本结构如图 3-10 所示。

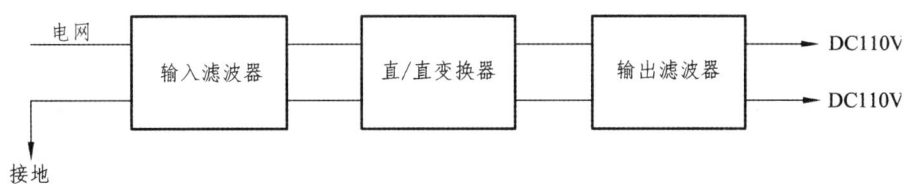

图 3-10　独立式蓄电池充电器基本结构

独立式蓄电池充电器的特点是不受辅助逆变器故障影响，直流供电回路可靠。

（二）非独立式蓄电池充电器

非独立式蓄电池充电器一般应用于辅助逆变器集中式布置的城市轨道交通列车上。输入电能由辅助逆变器提供。

非独立式蓄电池充电器电路框图如图 3-11 所示。

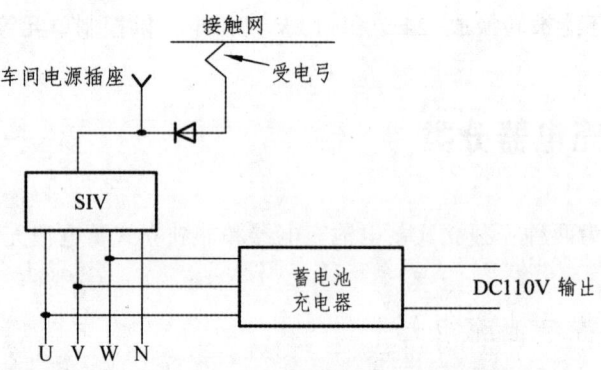

图 3-11　非独立式蓄电池充电器电路框图

非独立式蓄电池充电器的常见结构有两种，如图 3-12 所示。

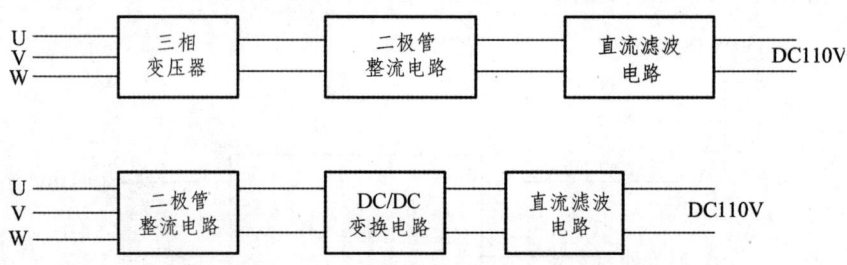

图 3-12　非独立式蓄电池充电器的两种基本结构形式

非独立式蓄电池充电器的特点是体积小、结构紧凑、质量轻、维护简单、可靠性高，但其工作受辅助逆变器影响。

四、蓄电池

城市轨道交通车辆使用的蓄电池一般为镉镍蓄电池，其由 74~80 个蓄电池单体串联组成，每个单体电压为 1.20~1.30 V，总电压在 77~137.5 V 为正常。

（一）主蓄电池的作用

① 在列车启动时，为列车启动时的电器设备提供 DC110 V 电能，蓄电池充电器开始工作后，主蓄电池处于浮动充电状态。

② 在列车失去高压电源时，主蓄电池能够为列车的监控设备、通信设备、紧急照明、紧急通风、头灯、尾灯等提供至少 45 min 电能。除此之外，还能为打开或关闭一次车门供电。

（二）蓄电池的供电原理

镉镍蓄电池极板活性物质在充电后，正极板为羟基化镍（NiOOH），负极板为金属镉（Cd）；而放电终止时，正极板转化为氢氧化亚镍[Ni(OH)$_2$]，负极板转化为氢氧化镉[Cd(OH)$_2$]。

在充放电过程中总的化学反应式如下：

$$2Ni(OH)_2 + Cd(OH)_2 \underset{放电}{\overset{充电}{\rightleftharpoons}} 2NiOOH + Cd + 2H_2O$$

从上述化学反应式可以看到，电解液只作为电流的传导体，其浓度不发生变化。充电过程中产生水，电解液液面上升；放电过程中消耗水，电解液液面下降，当电解液液面下降到一定高度时需要添加蒸馏水。

第四节　高压供电回路

城市轨道交通车辆供电分为高压供电、中压供电和低压供电。高压供电为 DC1500 V 或 DC750 V。地铁车辆的编组形式不同、设备布局不同，那么高压电能分配的方式也不同。

城市轨道交通列车的直流高压电来源于电网或车间电源。直流高压电引入列车后，按照一定的方式分配给牵引逆变器、辅助逆变器等设备，这种分配高压电能的电路称为高压供电回路。

下面重点讲解几种常见的高压供电分配电路。

一、武汉地铁 1 号线列车高压供电回路

武汉地铁 1 号线列车由两个一动一拖的单元组成，高压母线及接地回流线贯穿本单元两节车。拖车前转向架两侧各设一台受流器，动车每个转向架两侧各设一台受流器。每车均设有避雷器。每车的车间电源与受流器并联。

拖车中，DC750 V 高压电经受流器、辅助隔离开关及熔断器箱向 SIV 供电；动车中，DC750 V 高压电经受流器、主隔离开关及熔断器箱、高速断路器向牵引逆变器供电。

武汉地铁 1 号线列车高压供电回路原理图如图 3-13 所示。

整列车安装有 12 台受流器，单侧 6 台受流器并联受流，某一受流器故障的情况下，不影响全列车正常供电。

母线电压为 DC750 V，在车速高于 5 km/h 时，母线断路器 BHB 和 BLB 闭合，高压母线贯穿本单元，在车速低于 5 km/h 时，母线断路器 BHB 和 BLB 断开，本车受流器受流为本车高压母线供电。

每辆拖车上都安装一台辅助逆变器，每辆动车上都安装一台牵引逆变器。辅助逆变器和

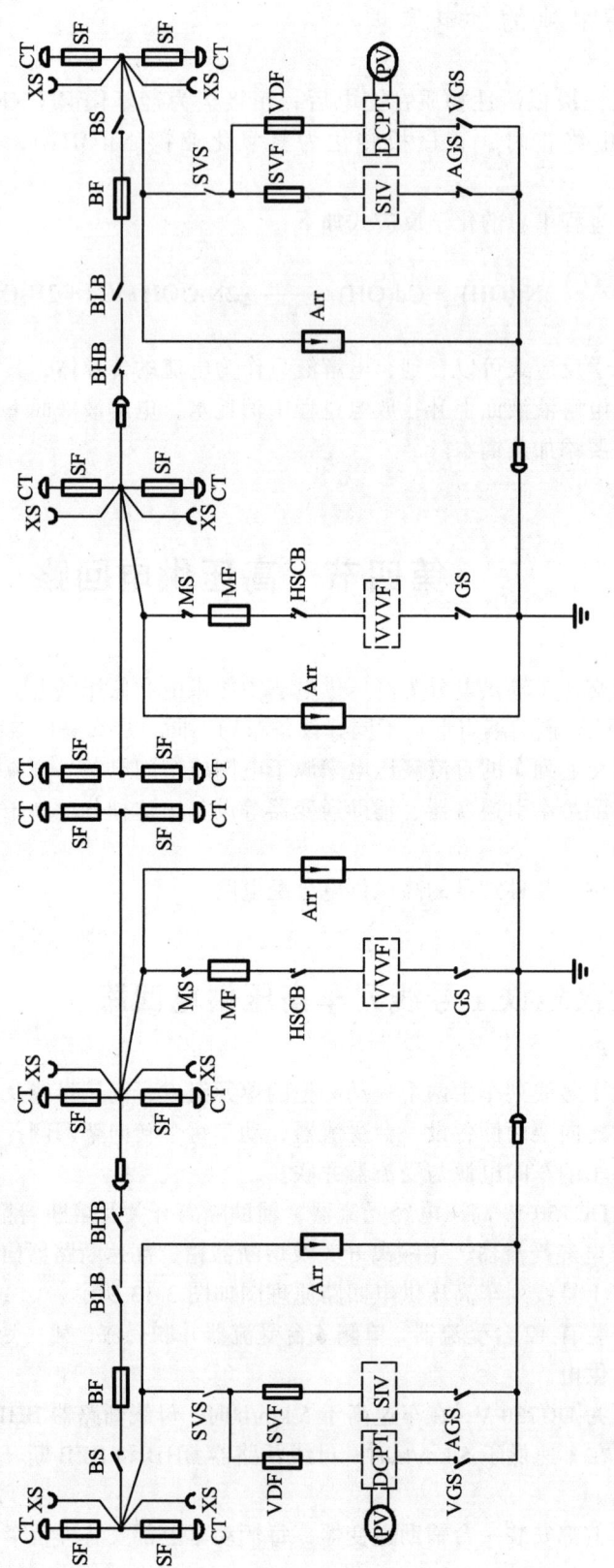

图 3-13 武汉地铁 1 号线高压供电回路

牵引逆变器均由高压母线供电。

车间电源插座与受流器并联，无电网情况下由车间电源为高压母线提供DC750 V电能。

二、南京地铁2号线列车高压供电回路

南京地铁 2 号线列车采用四动两拖六节编组的形式，高压供电回路中高压电源（DC1 500 V）来自接触网或车间电源插座（WOS），由隔离与接地开关（IES）的位置选择。隔离与接地开关有 "接触网"位、"车间电源"位、"接地"位三个位置。在"接触网"位时，由接触网为列车提供高压电能；在"车间电源"位时，由车间电源为列车提供高压电能；在"接地位"时，禁止高压输入。

南京地铁2号线列车高压供电回路原理图如图3-14所示。

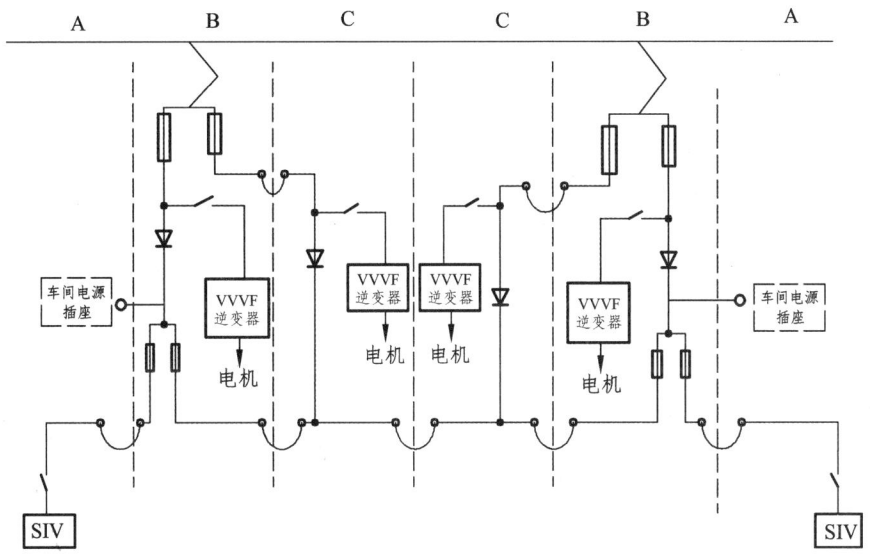

图 3-14 南京地铁 2 号线列车高压供电回路

受电弓可同时为牵引逆变器和辅助逆变器供电，但每台受电弓只能同时为同一单元的牵引逆变器供电。一条贯穿全列车的高压母线（DC1 500 V）仅供辅助逆变器专用。若某一受电弓无法升起时，至少有两台牵引逆变器无法工作，但全车两台辅助逆变器都能正常工作。

车间电源可为辅助逆变器供电，但不能为牵引逆变器供电。整列车安装有两个车间电源插座，两个车间电源插座中任意一个接入车间电源，两台辅助逆变器都能正常工作。

三、成都地铁1号线列车高压供电回路

成都地铁1号线列车采用四动两拖六节编组的形式。辅助逆变器安装在拖车上，高压电源可由接触网或车间电源提供。列车高压供电回路原理图如图3-15所示。

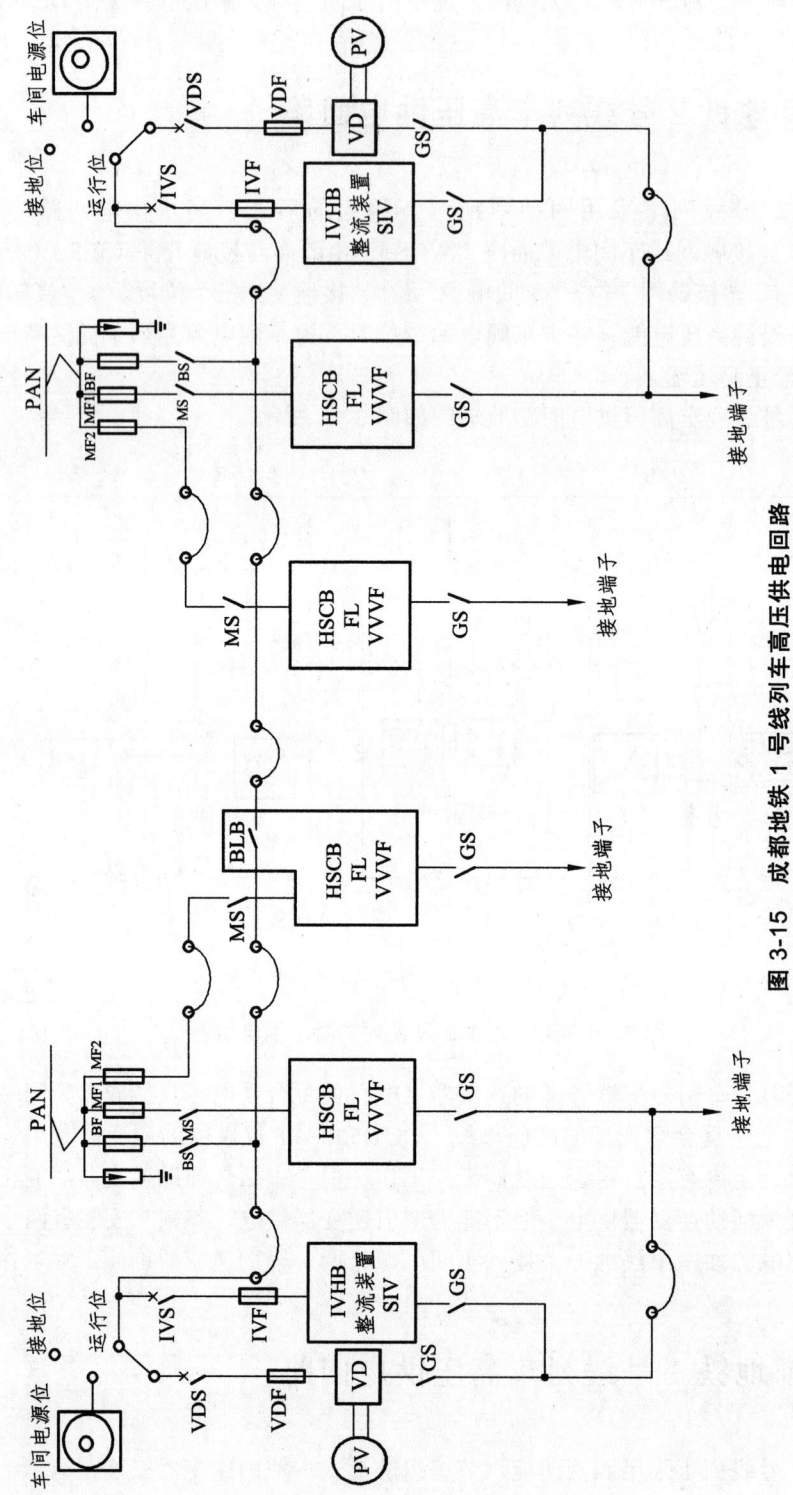

图 3-15 成都地铁 1 号线列车高压供电回路

BS—总线开关；MF—主熔断器；BF—总线熔断器；PCS—三位置选择器；BLB—总线断路器；IVS—辅助隔离开关；
IVF—辅助熔断器；GS—接地开关；BLB—总线断路器；VD—电压检测装置；VDS—电压检测开关；
VDF—电压检测熔断器；IVHB—辅助熔断器；VD—电压检测装置；PV—网压表

高压供电回路与南京地铁 2 号线的相似，高压母线上有一个母线断路器。当电网电压正常且速度不低于 5 km/h 时，母线断路器会自动闭合。

第五节　中压供电分配

城市轨道交通车辆上，中压是指 AC380 V/AC220 V。中压由辅助逆变器提供。AC380 V/AC220 V 供电线路即为中压总线。

根据城市轨道交通车辆辅助逆变器分布情况的不同，中压供电有集中式供电和分散式供电两种方式。分散式供电：整个单元配置不止一台辅助逆变器，且单元共用一台低压直流电源；集中式供电：整个单元只配置一台辅助逆变器。早期引入的地铁车辆多采用分散式供电方式，目前，国内地铁车辆多采用集中式供电方式。

一、分散式供电方式

分散式供电应用于同一单元分布有几台辅助逆变器的情况。为保证在某一台辅助逆变器故障时，至少有一半的负载能正常工作，多采用交叉供电方式。

下面简单介绍上海、广州、南京地铁公司部分车辆供电方式。

（一）上海地铁 1、2 号线车辆中压供电分配

上海地铁 1、2 号线车辆中压供电框图如图 3-16 所示。

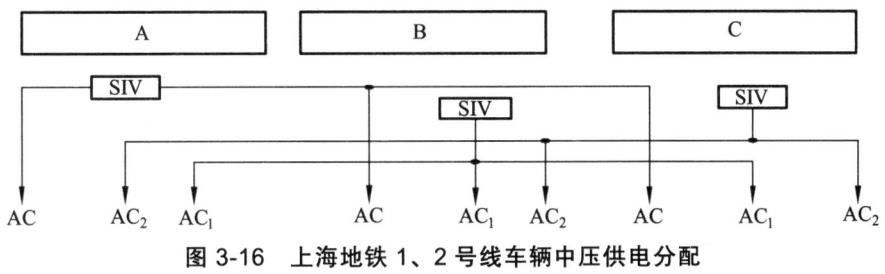

图 3-16　上海地铁 1、2 号线车辆中压供电分配

上海地铁 1、2 号线车辆每节车配置一台辅助逆变器。其中，B、C 车的辅助逆变器为本单元的空调、空压机、通风机供电，每台辅助逆变器各提供一半电能。A 车的辅助逆变器带有蓄电池充电器，为本单元直流负载供电，同时为其他交流负载，如客室正常照明、方便插座等供电。

（二）广州地铁 1 号线车辆中压供电分配

广州地铁 1 号线车辆中压供电框图如图 3-17 所示。

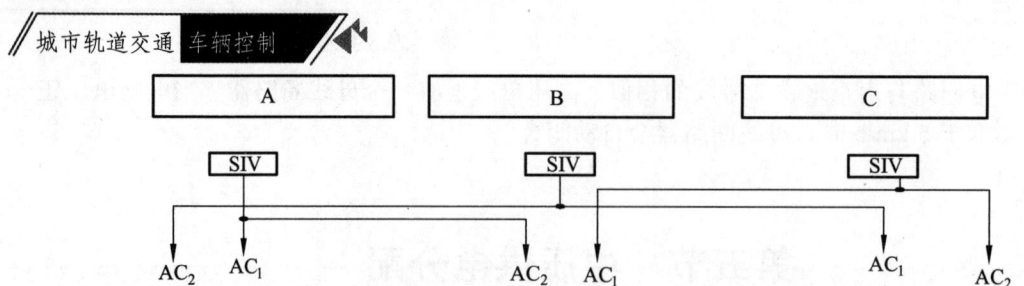

图 3-17　广州地铁 1 号线车辆中压供电框图

广州地铁 1 号线车辆采用交叉式供电方式，每一辆车均布置一台辅助逆变器，各车的交流负载分为两部分。A 车的辅助逆变器为本车一半交流负载和 B 车的一半交流负载供电。B 车的辅助逆变器为 A 车另一半交流负载和 C 车的一半交流负载供电。C 车的辅助逆变器为 B 车另一半交流负载和 C 车另一半交流负载供电。

采用这种供电方式，可以保证任意一台辅助逆变器发生故障时，每节车至少有一半的交流负载能正常工作。同时，任意一个辅助逆变器故障，至少有两节车一半的交流负载将停止工作。

（三）南京地铁 1 号线车辆中压供电分配

南京地铁 1 号线车辆中压供电框图如图 3-18 所示。

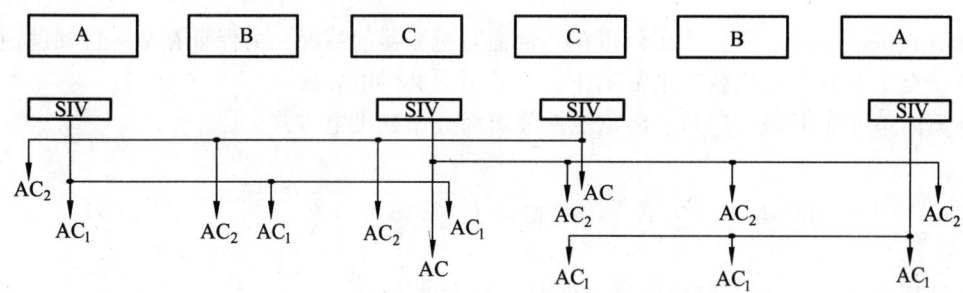

图 3-18　南京地铁 1 号线车辆中压供电框图

整列车分布 4 台辅助逆变器，每一单元布置 2 台辅助逆变器，分别位于 A 车和 C 车。南京地铁 1 号线车辆中压供电也采用交叉式供电方式。A 车的辅助逆变器为本单元 A、B、C 车各一半交流负载供电。C 车的辅助逆变器为本车部分交流负载以及另一单元 C、B、A 车的一半交流负载供电。另一单元，A、C 车与本单元供电方式相同。

二、集中式供电方式

集中式供电方式相对于分散式供电方式具有使用设备少、供电线路简单等特点，其应用越来越广泛。采用集中式供电方式的地铁列车每单元设置一台辅助逆变器，为本单元交流负载供电。正常情况下，本单元辅助逆变器输出的交流电能不传输到另一单元；在某一台辅助逆变器发生故障的情况下，扩展供电单元工作，将另一单元辅助逆变器输出的交流电能引入本单元，同时，各车的空调装置将减载运行。集中式供电的中压供电方式基本类似，下面以南京地铁 2 号线列车和成都地铁 1 号线列车为例进行介绍。

南京地铁 2 号线列车中压供电简图如图 3-19 所示。

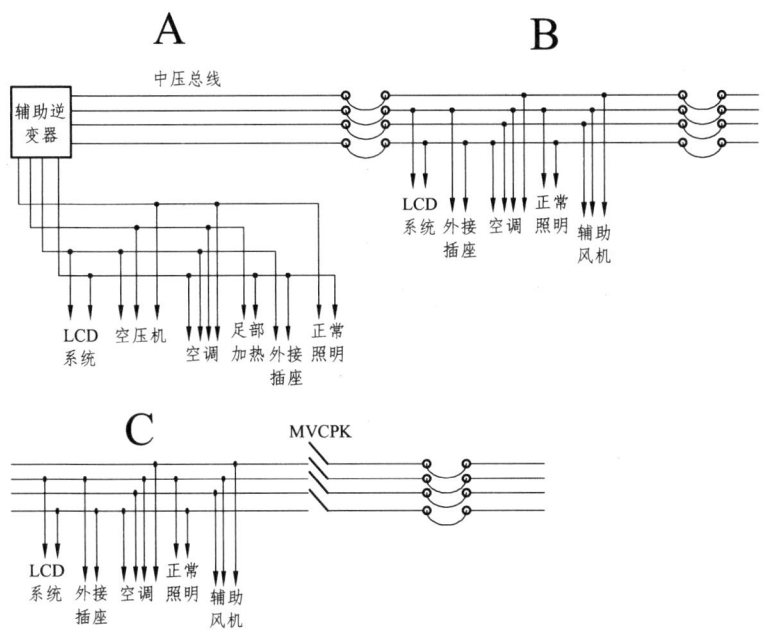

图 3-19 南京地铁 2 号线列车中压供电简图

南京地铁 2 号线列车每单元在 A 车安装有一台辅助逆变器，C 车设有中压连接接触器。辅助逆变器的输出经独立的三相隔离变压器降压后，其中一路三相三线制 AC400 V、总功率 22 kW 电源供充电机整流模块输出 DC125 V；另一路三相四线制 AC400 V、容量 230 kVA 电源可满足本单元三辆车辅助系统使用。每个辅助逆变器提供一个独立的交流网络，为本单元的所有交流负载供电。当其中一台辅助逆变器发生故障时，另一台辅助逆变器通过中压连接接触器实现整列车的供电，此时空调装置将减载运行。

成都地铁 1 号线列车中压供电简图如图 3-20 所示。

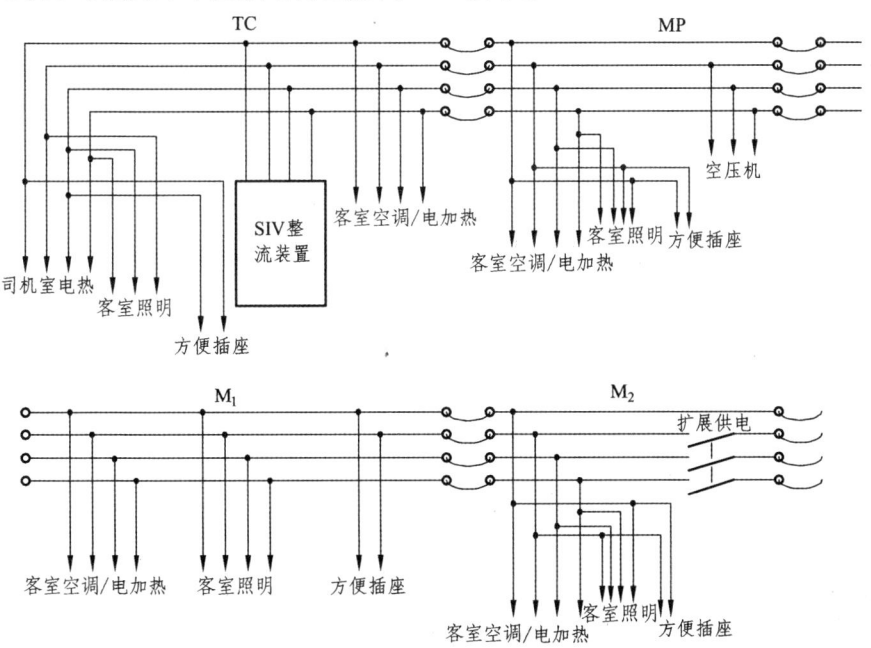

图 3-20 成都地铁 1 号线列车中压供电简图

第六节　扩展供电回路

在中压供电采用集中式供电方式的地铁列车中，在中间车辆上都安装有扩展供电单元。当某一台辅助逆变器发生故障后，扩展供电单元工作，将两单元中压总线连接起来，将另一单元辅助逆变器提供的交流电能引入本单元，为本单元交流负载供电。下面以成都地铁 1 号线列车为例进行介绍。

成都地铁 1 号线列车中 M_2 车上装有扩展供电单元。当某一台 SIV 输出交流电无效时，扩展供电单元工作，同时向各车空调控制单元发送减载指令。

一、扩展供电回路原理图

成都地铁 1 号线列车扩展供电回路原理图如图 3-21 所示。

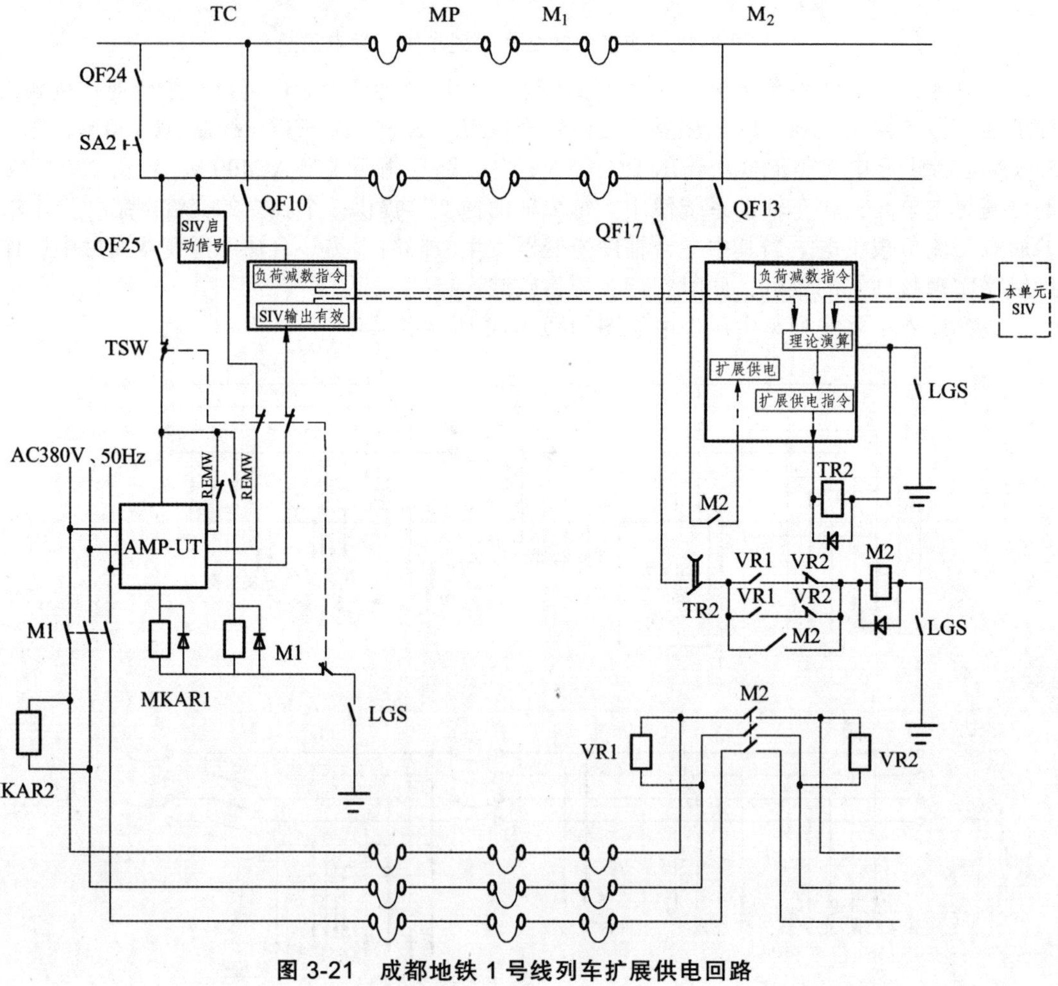

图 3-21　成都地铁 1 号线列车扩展供电回路

QF 均为微型断路器，即空气开关。在电路正常的情况下，空气开关不动作，均处在正常闭合状态。SA2 为辅助逆变器启动开关；RIO 为远程接口单元，负责收集和处理数据；AMP-UT 是 SIV 内部电子控制单元；TSW 为辅助逆变器切除开关；M2 是扩展供电接触器，负责连通两单元的中压总线。

二、扩展供电回路的工作状态

关于扩展供电回路，这里重点介绍扩展供电接触器 M_2 的三种状态。

1. 两台辅助逆变器均正常工作时

两台辅助逆变器均正常工作时，AMP-UT 检测到 SIV 输出 AC380V/50Hz 电能正常后，向 RIO 发出 SIV 输出有效信号。同时，AMP-UT 输出高电平，使 MKAR1 线圈得电。MKAR1 线圈得电后，其常开触头闭合，M1 线圈得电，M1 的常开触头闭合，辅助逆变器向中压总线供电，对外输出交流电能。

M1 常开触头闭合后，MKAR2 线圈得电，其常开触头闭合，AMP-UT 确认 SIV 已正常对外输出交流电能。

2. 两台辅助逆变器均出现故障时

两台辅助逆变器均出现故障时，AMP-UT 均未检测到 SIV 输出 AC380V/50Hz 电能，AMP-UT 均向 RIO 发送 SIV 输出无效信号。由于两台 SIV 均未向外供电，VR1、VR2 都失电，M2 线圈不会得电。整列车中压供电线路断电，交流负载将不能正常工作。

3. 当一台辅助逆变器出现故障时

当有一台辅助逆变器故障时，其中一个单元的 AMP-UT 未检测到 SIV 输出信号，SIV 未向外供电。AMP-UT 向本单元 RIO 发送"SIV 输出无效"信号。此信号传送到位于 M_2 车的 RIO，经数据处理后，RIO 发出扩展供电指令，使 TR2 线圈得电，延时 2 s 后，TR2 的常开延时闭合触头闭合，M2 线圈得电，中压总线连通。其中一台 SIV 输出的电能通过扩展供电装置进入另一单元，为另一单元的交流负载供电。

M2 线圈得电后，其常开触头闭合，RIO 接收到高电平，确认扩展供电装置投入使用。RIO 在发出扩展供电指令的同时，向空调控制单元发出整列车空调减载指令。

第七节　低压供电分配

低压供电分配电路即 DC110 V 供电分配电路。城市轨道交通车辆上有很多设备使用 DC110 V 电能。地铁车辆上能够输出 DC110 V 电能的设备，主要有蓄电池充电器、蓄电池以及辅助逆变器中的应急蓄电池。列车正常运行时，DC110 V 电能主要由蓄电池充电器提供，蓄电池处在浮动充电状态。列车失去高压电源时，蓄电池作为备用电源，为直流负载供电。

目前，国内轨道交通车辆的低压供电分配方式类似。下面以南京地铁 2 号线车辆 DC110V 供电分配电路为例进行介绍。

一、低压供电分配原理图

南京地铁 2 号线车辆低压供电分配原理图如图 3-22 所示。

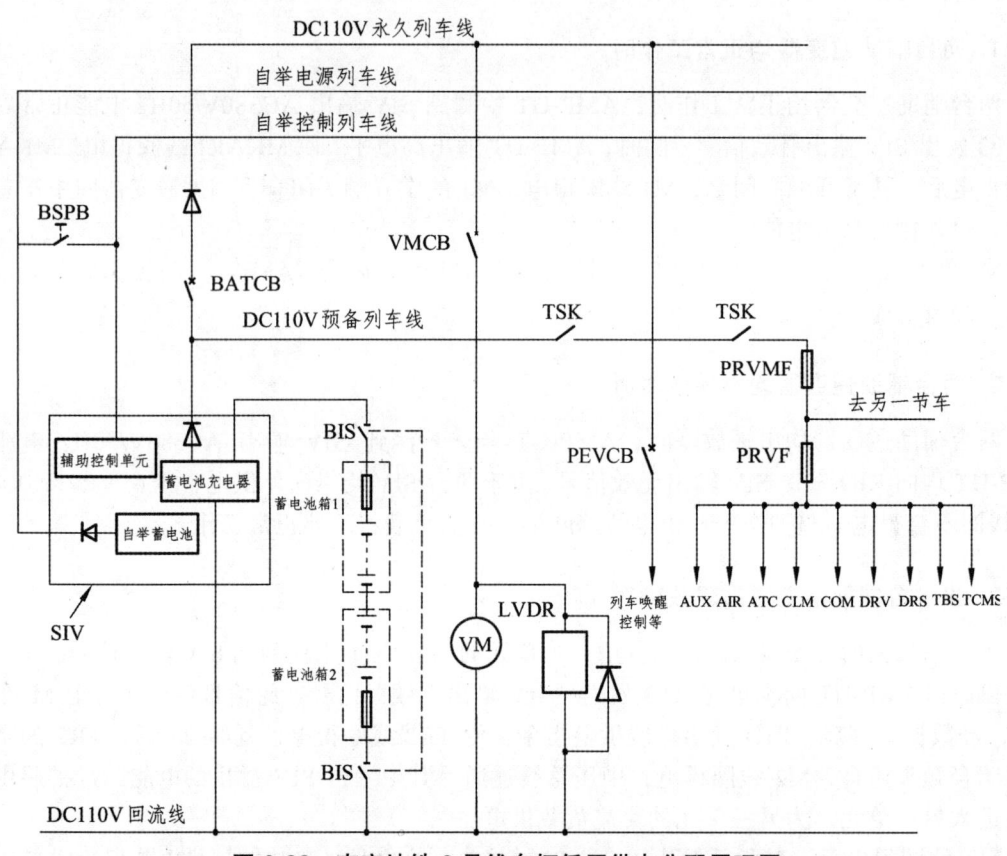

图 3-22　南京地铁 2 号线车辆低压供电分配原理图

BSPB—自举按钮；BIS—蓄电池隔离开关；TSK—列车供电接触器；LVDR—低压检测继电器；PEVCB—永久电压断路器；PRVMF—预备电压主熔断器；BAMF—蓄电池主熔断器；VM—蓄电池电压表

低压由辅助逆变器中蓄电池充电器和蓄电池提供。蓄电池充电器安装于 A 车车底的辅助逆变器箱中，蓄电池也位于 A 车。南京地铁 2 号线车辆提供两根低压线：在休眠模式下给负载供电的永久低压线以及正常供电的预备低压线。预备低压线在休眠模式下不供电。

每个蓄电池充电器给相应的蓄电池充电。每个蓄电池充电器都能保护并防止电流从电池回流，同时设置防止电流由永久低压线向预备低压线流动的二极管。蓄电池能够通过低压箱和蓄电池箱中的蓄电池隔离开关（BIS）从低压供电网络中手动断开。

二、低压供电分配电路工作原理

低压供电分配电路要实现的功能基本相同。下面对南京地铁2号线列车的低压供电分配电路作简单介绍。

DC110 V永久列车线和DC110 V预备列车线都可由蓄电池充电器或蓄电池供电。只要蓄电池有电，BIS闭合，以及蓄电池开关BATCB未断开，则DC110 V永久列车线一直有电。DC110 V永久列车线主要为列车唤醒休眠控制电路和列车车钩控制电路等供电，其他DC110 V负载主要由DC110 V预备列车线供电。唤醒列车时，蓄电池充电器未工作，DC110 V电能来自蓄电池。通过LVDR（低压检测继电器）判断蓄电池电压，正常时（蓄电池电压＞84 V），TSK（列车供电接触器）常开触头闭合，DC110 V预备列车线向DC110 V负载供电，列车唤醒成功；欠压（蓄电池电压＜84 V）时，TSK将无法得电，DC110 V预备列车线不能向DC110 V负载供电，无法唤醒列车。在蓄电池欠压的情况下，按下自举按钮，自举蓄电池可以为辅助逆变器的微机控制单元供电。在受电弓升起后，辅助逆变器工作，蓄电池充电器工作，向DC110 V预备列车线供电，唤醒列车。

在唤醒模式下，若辅助逆变器不工作，蓄电池可以提供45 min应急通风和应急照明供电。在此之后，应急通风被切断，并继续供电至少5 min。当蓄电池电压低于设置点（大约84 V）时自动转为休眠状态。

蓄电池电压表连接于永久列车线，在列车未唤醒的情况下，蓄电池电压表有显示。也有蓄电池电压表连接于预备列车线的列车，此时，只有在列车唤醒（列车激活）的情况下，蓄电池电压表才有显示。

蓄电池箱内安装有温度检测装置，用于监测蓄电池的温度。

如果逆变器电子装置检测到蓄电池电压过低，则逆变器不启动。在蓄电池电压过低的情况下，辅助逆变器及充电器有紧急（自举）启动的功能。紧急启动时，辅助逆变器启动电源由应急（自举）蓄电池供电。在正常工作条件中，从DC/AC逆变器输出的三相AC400 V电源通过一个二极管整流装置对一个内置的小的自举蓄电池充电。当车上的蓄电池电压过低时，该自举蓄电池提供必要的控制电源以便启动逆变器。在司机室中有一个自举按钮，当车上的蓄电池欠压时被用在电池欠电压启动电路。它不是自动启动，必须由司机室驾乘人员手动操作。

课后练习题

1. 辅助供电系统有哪些作用？
2. 辅助供电系统由哪几个部分组成？各部分的作用是什么？
3. 辅助供电系统的负载有哪些？
4. 画出辅助供电系统的供电框图。
5. 辅助逆变器由哪几个部分组成？各部分的作用是什么？
6. 城市轨道交通车辆供电分为高压、中压和低压，供电电压各为多少？

7. 主蓄电池的作用是什么？
8. 蓄电池充电器按实现方式分为哪两种？各有什么特点？
9. 辅助逆变器的启动条件是什么？
10. 辅助逆变器有哪几种启动方式？分别简述其过程。
11. 低压总线一般有哪两条？简述其差别。
12. 地铁列车上，哪几个设备能提供 DC110 V 电能？分别在什么情况下对外供电？
13. 辅助逆变器采用哪种供电方式的车辆上存在扩展供电单元？扩展供电单元的中压连接接触器，一般在什么情况下闭合？
14. 根据辅助逆变器的分布情况不同，地铁车辆一般有哪两种供电方式？简述两者有何不同。

第四章　城市轨道交通车辆照明系统

城市轨道交通车辆照明系统是指地铁列车在不同场所所需的照明及列车运行状态显示的系统，是辅助供电系统负载的一部分，它包括内部照明和外部照明。内部照明包括客室照明、司机室照明、车内设备柜照明以及车门指示灯；外部照明主要包括头灯、尾灯、运行灯及车外侧指示灯。

第一节　内部照明

一、司机室照明

司机室照明与客室照明相互独立。司机室照明系统主要由司机室照明灯、司机室阅读灯、司机室照明灯开关和司机室阅读灯开关等组成。

司机室照明灯安装于司机室天花板上，主要用来给司机室提供正常照明。通常司机室照明采用两个横向布置的荧光灯灯管，自带逆变器，使用 DC110 V 电源。有些地铁车辆司机室照明采用 LED 照明灯，直接使用 DC110 V 电源，不需要逆变器。司机室照明灯可由驾驶台上的司机室照明灯控制开关进行控制。只要列车激活（列车已唤醒），就可以通过此开关控制司机室照明。

司机室阅读灯主要用来照亮驾驶台，帮助驾驶员操作驾驶台上的各种开关以及观察各种仪表指示灯的状态，要求司机至少能读出监控显示器、速度表、压力表、网压表等的读数。司机室阅读灯一般采用 DC24 V 电源，由驾驶台上的司机室阅读灯开关进行控制。同司机室照明灯一样，司机室阅读灯也不受钥匙开关限制，只要列车激活，就可以通过司机室阅读灯开关点亮司机室阅读灯。

二、客室照明

客室照明用于列车在运营过程中为乘客提供舒适的视觉照明。在任何情况下，客室照明都应确保乘客获得足够的照明，同时要考虑故障条件下的灯光照明的均匀性。客室照明分为客室应急照明和客室正常照明。客室应急照明与客室正常照明有很大的不同，下面分别简单介绍。

（一）客室应急照明

客室应急照明顾名思义就是在紧急情况下（列车失去高压电源时）的应急照明。应急照明灯一般分布于车门区域，一个车门区域对应分布着一个应急照明灯管。列车断电时，应急照明灯会继续点亮，以便乘客能清楚地找到车门出口。应急照明灯一般使用DC110 V电源。国内地铁列车应急照明灯管有两种形式：一种采用普通荧光灯（较为普遍），另一种采用LED灯。若应急照明采用普通荧光灯，则在灯管前端加入一个逆变器，这样应急照明灯就可以使用直流电能；若应急照明采用LED灯，则不需逆变器、镇流器等设备，直接由DC110 V电源供电。列车上一般不设应急照明灯控制开关，一旦列车激活，应急照明灯就会点亮，直到列车回到休眠状态。

（二）客室正常照明

客室正常照明灯管纵向分列客室两侧，其中车门区域穿插应急照明灯管。国内地铁车辆正常照明灯管也有两种形式：一种采用普通荧光灯（较为普遍），使用AC220 V电源；另一种采用LED灯，使用DC110 V电源，这种情况较少见，但存在，如苏州地铁2号线地铁车辆。

客室正常照明采用普通荧光灯并使用AC220 V电源时，由辅助逆变器供电，灯具带镇流器。只有在辅助逆变器启动之后，客室正常照明灯才能点亮。供电方式有两种：当辅助逆变器采用集中式供电时，同一客室所有的正常照明灯管一般由一路供电；当辅助逆变器采用分散式布置时，同一客室所有的正常照明灯管被分成两组，进行两路供电。

客室正常照明采用LED灯并使用DC110 V电源时，由蓄电池或蓄电池充电器供电。在列车激活、司机室激活的情况下，可通过照明开关打开客室正常照明灯。

客室正常照明（一路供电）分布情况如图4-1所示。

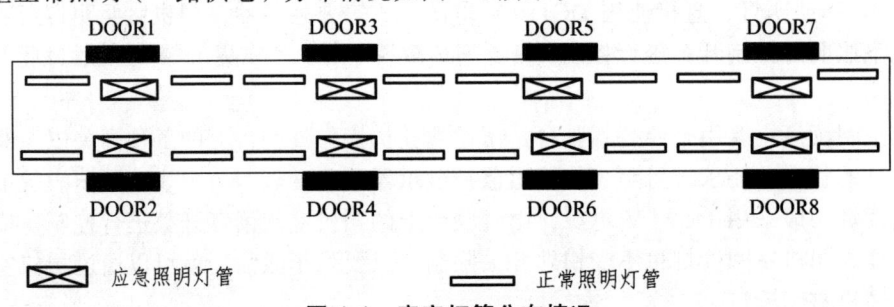

图4-1 客室灯管分布情况

客室正常照明可由司机室驾驶台上的客室照明控制开关进行控制。此开关一般有三个位置，即"自动控制""关"和"手动控制"。在"自动控制"位时，客室照明根据外部光照强度来决定是否点亮；在"关"位时，客室正常照明灯一直处于熄灭状态；在"手动控制"位时，客室正常照明灯一直处于点亮状态。

（三）车内设备柜照明

车内设备柜照明主要用来点亮设备柜，以观察设备柜内设备的状态。车内设备柜照明使用 DC110 V 电能。照明开关与柜门连锁，柜门打开，照明接通，柜门关闭，照明断开。

（四）车门指示灯

在车门内侧一般安装有车门解锁和车门切除指示灯。

车门解锁指示灯指示相应车门的状态，显示方式及意义如下：

（1）无显示（灯灭）——当相应车门的检测电路检测到车门关好时，该指示灯无显示。

（2）固定显示橙色——当车门通过任何方式打开时（列车激活），车门解锁指示灯固定显示橙色。

（3）闪烁显示橙色——如果客室车门是通过司机室内的开门按钮开启，则按关门按钮时将触发兼有声响的关门报警，此时，车门解锁指示灯闪烁显示橙色，以提示乘客车门即将关闭。一般情况下，从触发关门报警的时刻起约 4 s 后，两门页才动作。

车门切除指示灯有两种显示方式，即无显示和固定显示红色。正常情况下，该指示灯无显示。当该指示灯显示红色时，表示相应车门被切除，该车门不能通过电控方式开启或关闭。

三、内部照明供电框图

为了更清晰地展示城市轨道交通车辆内部各照明灯的供电情况，在此给出内部照明供电框图。客室照明及司机室照明均采用普通荧光灯的供电框图如图 4-2 所示；客室照明及司机室照明均采用 LED 灯的供电框图如图 4-3 所示。

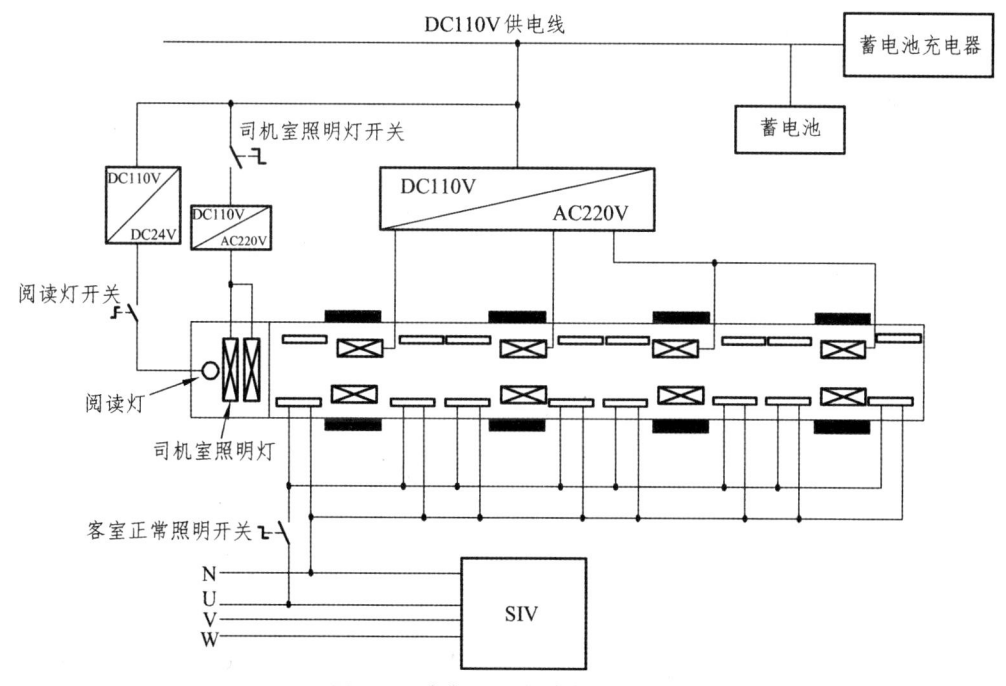

图 4-2　内部照明供电框图（1）

说明：

① 由于我国城市轨道交通车辆客室正常照明灯普遍使用 AC220 V 电源，在此显示的也是这种普遍情况。但由于地铁列车正常照明灯也采用 DC110 V 电能，与此框图不同之处只在于正常照明灯不再由 SIV 供电。

② 此框图中紧急照明灯无开关进行控制，这是一种普遍形式，但不排除某些地铁列车有例外情况。

③ 框图中，阅读灯使用 DC24 V 电源，这种情况较普遍，有些地铁列车也使用 DC110 V 电源。

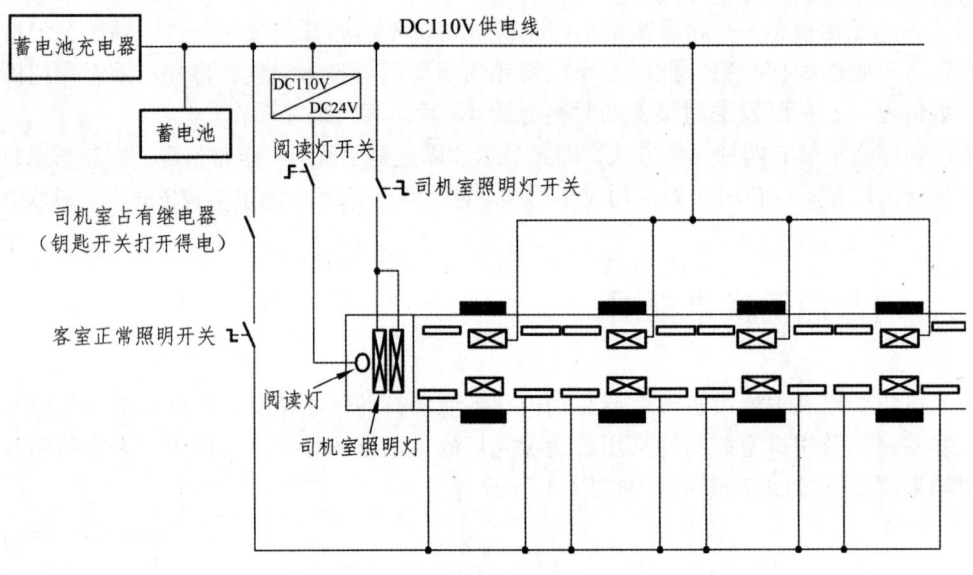

图 4-3　内部照明供电框图（2）

说明：

① 此框图中，所有照明灯均使用 DC110 V 电源，由 DC110 V 供电线路供电，客室照明均使用 LED 灯，无需逆变器。

② 此框图所示供电方式较为少见，仅做参考。由于国内地铁列车形式多样，不好一概而论，具体供电形式可参考相应车辆电气原理图。

第二节　外部照明

外部照明是列车正常运行中至关重要的照明灯具，它显示列车的运行状态、前进、后退、停放制动施加等重要信息，是列车安全、正点运行的保证。外部照明主要包括头灯、尾灯、运行灯及车外侧指示灯。

一、头　灯

头灯用于列车运行过程中的前进照明,以便于驾驶员对前方路况及信息进行观察。头灯的设计能够照亮前方的轨道,司机能够目测轨道有无障碍物并指示列车运行的方向。头灯安装于列车前端下方左右两侧对称位置。头灯能提供"暗"和"亮"两种照明强度,即头灯有远光与近光之分。远光要求能照亮前方至少 215 m。远光(亮)与近光(暗)可由驾驶台上的远近光转换开关进行控制。

头灯一般显示白色灯光,供电电压一般为 DC24 V。由预备列车线提供 DC110 V,再通过 DC/DC 变换器转换成 DC24 V 给头灯使用。头灯的点亮与熄灭不能通过开关来控制,而与列车状态有关。

二、尾　灯

尾灯的作用是显示列车尾部所在的位置,尾灯一般安装于头灯相邻位置,其形状大小与头灯类似。尾灯显示红光,要求在距车尾 215 m 处能见到尾灯亮。

尾灯供电电压一般为 DC24 V,与头灯供电方式相同。同头灯一样,尾灯的点亮与熄灭也不能通过开关来控制,与列车状态有关。

三、运行灯

地铁列车的运行灯是用来显示列车运行状态的指示灯,其显示方式与头、尾灯相似。运行灯一般由两组不同颜色的灯具组成:一组显示红光,一组显示白光,分别安装于列车前后端墙的左右两侧,红色灯安装在外侧,白色灯安装在内侧。红色灯亮表示本车为列车尾端或本车反向行驶。白色灯亮表示本车为列车前进方式或主控制室端。

运行灯一般使用 DC110 V 电源,由预备列车线直接供电。红色和白色运行灯点亮情况只与列车运行状态有关。

四、头灯、尾灯及运行灯的控制

头灯、尾灯及运行灯都不能通过开关进行控制,与列车运行状态有关,不同地铁公司车辆实现方式不同,本书以南京地铁 2 号线车辆为例进行讲解。

南京地铁 2 号线车辆头灯、尾灯及运行灯控制电路如图 4-4 所示。

说明:本电路中还包含司机室阅读灯的控制。司机室照明灯和司机室阅读灯分别由司机室照明灯开关和司机室阅读灯开关来进行控制。司机室照明灯使用交流灯管,灯管前面加了一个逆变器。司机室阅读灯使用 DC24 V 电源。

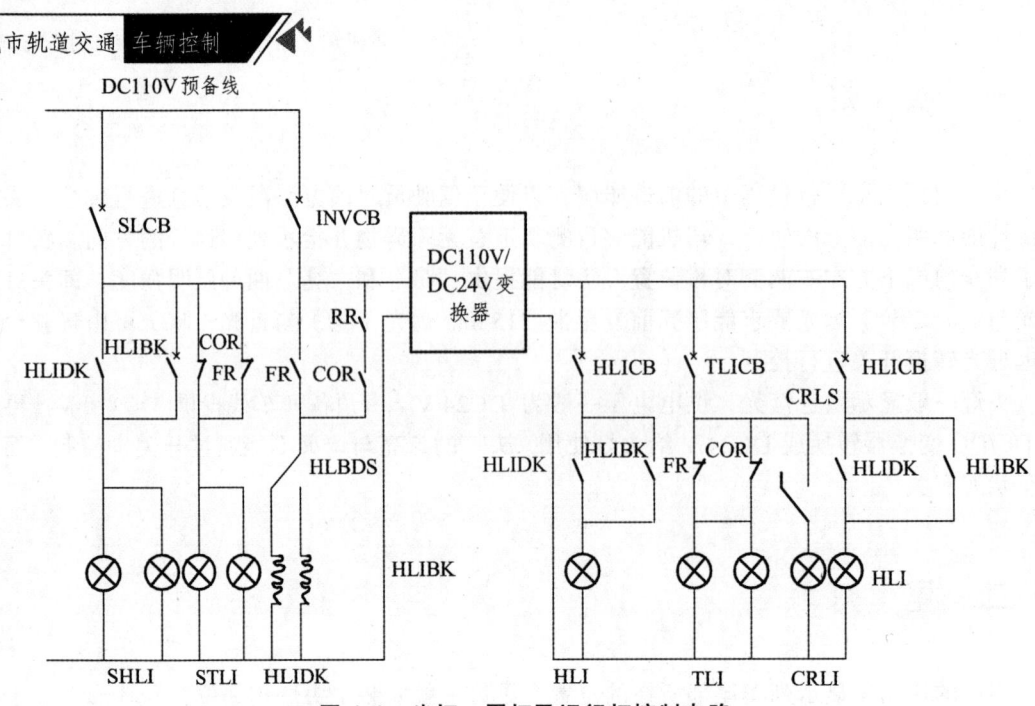

图 4-4 头灯、尾灯及运行灯控制电路

图中英文缩写的意义如表 4-1 所示。

表 4-1 缩写注释表

缩写	注 释	缩写	注 释
HLIDK	头灯暗光接触器	HLIBK	头灯亮光接触器
FR	向前继电器	COR	司机室占用继电器
SHLI	白色运行灯	RR	向后继电器
HLI	头灯	STLI	红色运行灯
CRLS	司机室阅读灯开关	TLI	尾灯
CRLI	司机室阅读灯		

（一）头灯的控制

头灯的供电线路是 DC110 V 预备列车线→DC110 V/DC24 V 变换器→HLICB→HLIDK 或 HLIBK→头灯。头灯是否点亮与 HLIDK 和 HLIBK 的状态有很大关系。由 HLIDK 和 HLIBK 线圈的充电电路可知，在列车向前运行或相对激活端向后运行时，其线圈得电，头灯亮。总之，列车向前运行时，头灯亮，相对激活端向后运行时，激活端头灯也亮，头灯的明暗可由 HLIBDS（头灯明暗选择开关）进行控制。

（二）尾灯的控制

尾灯的供电线路是 DC110 V 预备列车线→DC110 V/DC24 V 变换器→TLICB→FR（常闭）

或 COR（常闭）→尾灯。由此供电线路可知，在列车没有向前运行或在非激活端时，列车尾灯供电线路接通。也就是说，相对于激活端而言，列车没有选择运行方向或方向手柄在向后位时，尾灯亮，相对于非激活端而言，只要列车激活，尾灯一直点亮。

（三）运行灯的控制

运行灯由一组显示两种颜色的灯组成，分别显示红色和白色，即白色运行灯和红色运行灯。白色运行灯的供电线路是 DC110 V 预备列车线→HLICB→HLIDK 或 HLIBK→白色运行灯。此供电线路与头灯的供电线路很相似，只是中间少了 DC110 V/DC24 V 变换器。由此可知，白色运行灯点亮条件与头灯相同，两者一般同时点亮。红色运行灯的供电线路是 DC110 V 预备列车线→TLICB→FR（常闭）或 COR（常闭）→红色运行灯。此供电线路与尾灯供电线路很相似，也仅仅是少了 DC110 V/DC24 V 变换器，同理也可知，红色运行灯与尾灯点亮条件相同，两者同时点亮。

总之，亮白色灯光的灯一起点亮，亮红色灯光的灯也一起点亮。

五、头灯、尾灯、运行灯的点亮情况

为了更加清晰明了地介绍头灯、尾灯、运行灯的点亮情况（特殊情况除外），在此，将三者的点亮情况列表，如表 4-2 所示。

表 4-2　头灯、尾灯及运行灯的点亮情况表

	激活端				非激活端			
	头灯	尾灯	运行灯		头灯	尾灯	运行灯	
			白光	红光			白光	红光
0 位（未选择方向）		√		√		√		√
前进	√		√			√		√
后退	√	√	√	√	√	√	√	√
列车未激活								
列车激活未进行其他操作		√		√		√		√

六、车外侧指示灯

少数地铁车辆在车体外侧还安装有指示灯，用来显示列车的状态。在每节车二位端的车体外侧墙上，设置有一竖排指示灯，为车辆运行状态指示灯，每侧一组，每组五只，由上至下设置的颜色分别是：绿色、橙色、白色、红色、蓝色。车辆运行状态指示灯用于指示相应车辆空气制动、停放制动、相应侧客室车门状态以及是否启用车载 ATP 设备。

各灯显示意义如下：
① 绿灯亮，表示该车所有空气制动和停放制动已经缓解。
② 橙灯亮，表示该节车该侧至少有一个车门未关好。
③ 白灯亮，表示该单元 A 车的车载 ATP 对列车的控制和监控已经切除。
④ 红灯亮，表示该节车至少有一个转向架的空气制动已经施加。
⑤ 蓝灯亮，表示该节车的停放制动已经施加。

课后练习题

1. 列车照明系统主要由哪些部分组成？
2. 简述客室应急照明与正常照明的差别。
3. 简述列车内部照明的分布情况。
4. 试画出城市轨道交通车辆内部照明供电框图。
5. 简述头灯、尾灯及运行灯的主要作用。
6. 简述头灯、尾灯及运行灯的点亮情况。
7. 简单分析头灯的点亮控制原理。

第五章 牵引/制动控制电路

随着控制技术的发展,城市轨道交通车辆电气控制逐渐采用微机控制模块和集成电路,但指令电路、执行电路、监控及检测保护电路等与集成电路的衔接和配合,仍由大量的继电器以及开关按钮、指示灯、电磁阀等完成,以实现车辆电气系统的功能。

本章主要以高速断路器、受电弓、牵引/制动等控制电路来讲解城市轨道交通车辆电气基本控制电路原理,并以上海地铁1号线列车为例进行介绍。

第一节 司机室激活控制电路

司机室激活是在蓄电池供电开关闭合的情况下,由司机室钥匙开关进行控制的。当钥匙开关处于接通状态后,司机室激活,司机可以利用操纵台设备,操纵控制整列车。当一端司机室激活后,相应端的司机室占有继电器得电,另外一端司机室将不能激活。司机室激活控制电路如图5-1所示。

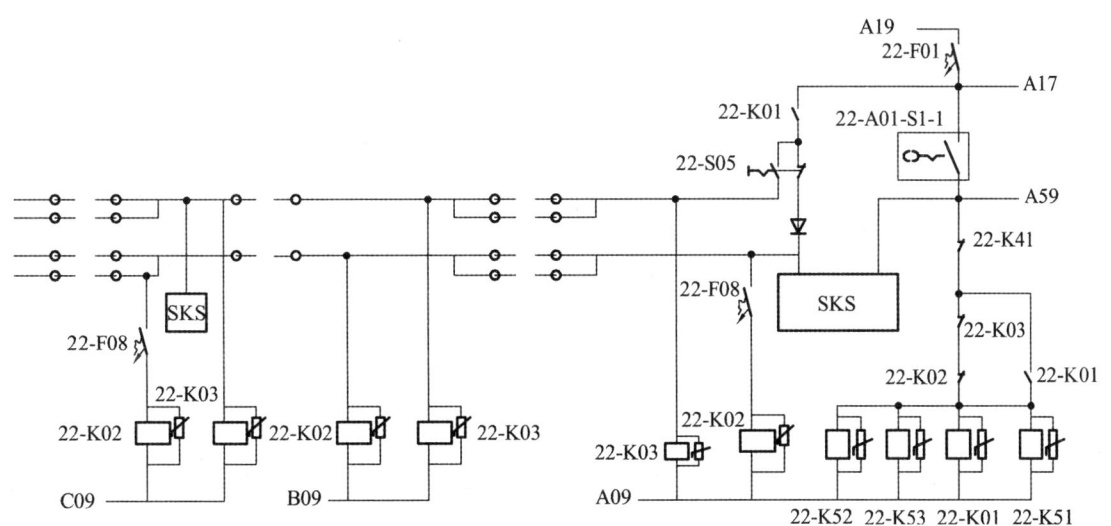

图 5-1 司机室激活控制电路

22-F01—列车控制空气开关;22-F08—列车紧急工作空气开关;22-A01-S1—司机室钥匙开关;
22-K01、22-K51、22-K52、22-K53—司机室占有继电器;
22-S05—列车紧急工作旋钮开关;SKS—接口板

一、列车非紧急工作状态

列车紧急工作旋钮开关（22-S05）的主要功能是当列车在运行时，若发生接触网停电事故，使用该开关后，列车将施加停放制动，同时列车除紧急照明、紧急通风、无线电、广播、车门控制等之外所有负载将被切除。

当列车紧急工作旋钮开关（22-S05）未转到紧急工作位置时，列车工作在非紧急工作状态。此时，接触网供电正常，列车正常工作。

图 5-1 中，要使列车接通控制继电器（22-K01、22-K51、22-K52、22-K53）的线圈得电，并表示该司机室占用，必须满足以下条件：

① 列车控制的空气开关（22-F01）闭合；
② 用司机钥匙打开主控制器钥匙开关（22-A01-S01），使其常开触点闭合；
③ 联挂牵引继电器（22-K41）的线圈未得电，常闭触点处于闭合状态；
④ 控制列车紧急工作继电器（22-K03）的线圈未得电，常闭触点处于闭合状态；
⑤ 车辆控制接通继电器（22-K02）的线圈未得电，常闭触点处于闭合状态。

当列车接通控制继电器（22-K01）线圈得电后，其常开触点闭合。常开触点闭合使（22-K01）处于导通自保状态，同时使车辆控制接通继电器（22-K02）的线圈获得了得电的条件[Mp 车、M 车的（22-K02）线圈供电线路中包括车钩]。

当用司机钥匙接通主控制器钥匙开关时，通过 SKS 可检测到一个高电平，从而可以判断出主控制器钥匙开关已被接通。

当车辆控制接通继电器（22-K02）的线圈得电时，通过 SKS 可检测到一个高电平，从而可以判断出（22-K02）线圈得电，车辆处于非紧急工作状态。

二、列车紧急工作状态

当列车紧急工作旋钮开关（22-S05）转到紧急工作位置时，列车工作在紧急状态。当接触网供电中断时，将列车紧急工作旋钮开关（22-S05）转到紧急工作位后，列车将施加停放制动，切除紧急照明、紧急通风、无线电、广播、车门控制等之外的其他负载。

处于紧急工作状态时，列车接通控制继电器（22-K01、22-K51、22-K52、22-K53）的线圈得电的条件与列车非紧急工作状态时的一样，只是由于列车紧急工作旋钮开关（22-S05）转到紧急工作位置，从而使其常开触点处于闭合状态，而常闭触点处于断开状态，这样车辆控制接通继电器（22-K02）的线圈失去了得电的条件。而列车接通控制继电器（22-K01）常开触点的闭合却使控制列车紧急工作继电器（22-K03）的线圈得电[Mp 车、M 车的（22-K03）线圈供电线路中包括车钩]。在 Tc 车上，控制列车紧急工作继电器 2（22-K04）的线圈将同时得电。

车辆控制接通继电器（22-K02）的线圈不得电时，通过 SKS 可检测到一个低电平，由此可以判断出列车处于紧急工作状态。

第二节　受电弓控制电路

电控气动受电弓在升起过程中电磁阀得电，压缩空气进入升弓气缸，受电弓升起；降弓时，电磁阀失电，受电弓在自身重力及降弓弹簧的作用下下降，压缩空气通过快排阀和节流阀排往大气。在受电弓升降的过程中，电磁阀的控制是关键。本节主要介绍地铁列车上如何对受电弓电磁阀进行控制，从而控制受电弓的升降。

一、升弓操作

升弓操作时，受电弓各部件功能应完好，压缩空气压力在最小工作压力以上。

（一）升弓继电器（21-K10）线圈得电

升弓控制电路 1 如图 5-2 所示。

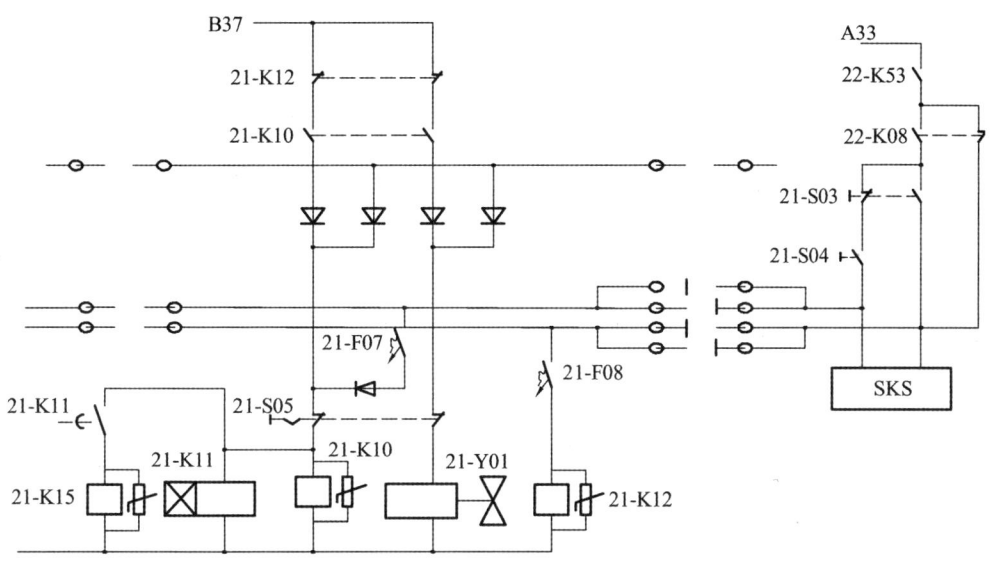

图 5-2　升弓控制电路 1
22-K53—司机室占有继电器；22-K08—紧急停车继电器；21-S03—落弓按钮；21-S04—升弓按钮；
21-Y01—受电弓工作控制电磁阀；21-K10—升弓继电器；21-K12—降弓继电器；
21-S05—本车紧急落弓旋钮开关

升弓操作时，要使升弓继电器（21-K10）的线圈得电，必须满足以下条件：
① 控制司机室继电器（22-K53）的线圈得电，从而使其常开触点闭合；
② 紧急停车继电器（22-K08）的线圈得电，从而使其常开触点闭合，常闭触点断开；
③ 落弓按钮（21-S03）未被按下，从而使其常闭触点闭合；

④ 升弓按钮（21-S04）（自复式）必须被按下，使其常开触点处于闭合状态；

⑤ 本车落弓开关（21-S05）未处于断开位置，从而使其常闭开关处于闭合状态；

⑥ 蓄电池可以提供足够的电流，供与升弓有关的继电器和控制阀维持其工作；

⑦ 气缸压力大于 300 kPa。

满足上述条件后，升弓继电器（21-K10）的线圈就会得电，使（21-K10）的常开触点闭合。由于常开触点的闭合，落弓继电器（21-K12）的常闭触点和本车落弓开关（21-S05）的常闭开关处于闭合状态，升弓继电器（21-K10）实现自保持状态，在升弓按钮（21-S04）被释放的情况下依然保持得电状态。

蓄电池电压不足时，升弓继电器（21-K10）的线圈得电控制：按下逆变器紧急启动按钮（31-S01），升弓继电器的供电线路将从逆变器紧急启动电源出发，经过逆变器紧急启动按钮（31-S02）的常开触点到达 Tc 车 Mp 车之间的车钩，再通过保护二极管（21-V06）、本车落弓开关（21-S05）的常闭触头，最终到达升弓继电器（21-K10）的线圈。此时升弓继电器（21-K10）的自保持状态不起作用，为了使升弓继电器的线圈保持得电，直到逆变器启动，必须一直按下逆变器紧急启动按钮（31-S02），直到逆变器启动工作指令 110 VDC，这时升弓继电器（21-K10）的自保持状态才起作用。

监控信号：

① 升弓按钮（21-S04）被按下时，通过 SKS 可检测到一个高电平，从而可以判断出升弓按钮已被按下。

② 升弓继电器（21-K10）的线圈得电，受电弓供电延时吸合继电器（21-K11）的线圈也同时得电，延迟大约 8 s，它的常开触点才会闭合[此时升弓继电器（21-K10）已处于自保持状态]，受电弓供电继电器（21-K15）的线圈得电，于是由其常开触点供电的受电弓供电接触器（31-A02-K02）的线圈就会得电，使车辆控制系统可以判断车辆进入受电弓供电状态，而不是车间电源供电状态。

（二）受电弓工作控制阀（21-Y01）线圈得电

如图 5-2 所示，受电弓工作控制阀（21-Y01）线圈得电的条件是升弓继电器（21-K10）线圈得电。另外，在逆变器应急启动状况下，由逆变器应急电池供电，受电弓工作控制阀（21-Y01）线圈和升弓继电器（21-K10）线圈同时得电。当升弓继电器（21-K10）的线圈得电后，其常开触点闭合，此时落弓继电器（21-K12）的常闭触点和本车落弓开关（21-S05）的常闭开关也都处于闭合状态，使受电弓工作控制阀（21-Y01）线圈得电，控制阀使受电弓气缸向升弓方向运动，直到受电弓与接触网可靠接触并维持。

（三）升弓操作的限制条件

在以下几种情况下，升弓操作将不能进行。

① 电池不能提供足够的电流使升弓所需的继电器和控制阀的线圈保持在得电状态。

② 落弓按钮被按下。

③ 本车落弓开关被拨到断开位置。
④ 车辆处于紧急停车状态。
⑤ 气缸压力小于 300 kPa（不同车辆有所不同，参照相应车辆具体气缸压力要求）。

二、落弓操作

如图 5-2 所示，车辆落弓操作有两种方法：按落弓按钮（21-S03）以及切换本车落弓开关（21-S05）到断开状态，目的是使升弓继电器（21-K10）和受电弓工作控制阀（21-Y01）的线圈失电。

（一）按落弓按钮

采用按压落弓按钮的方法来实现落弓操作，必须满足以下几项条件：
① 控制司机室继电器（22-K53）的线圈得电，其常开触点闭合。
② 紧急停车继电器（22-K08）的线圈得电，其常开触点闭合。
③ 落弓继电器保护空气开关（21-F08）闭合。

当以上条件得到满足时，按下落弓按钮，就构成一条从蓄电池电源输出点 A33 出发，经控制司机室继电器（22-K53）的常开触点（23-24）、紧急停车继电器（22-K08）的常开触点（23-24）、落弓按钮（21-S03）的常开触点（13-14）和落弓继电器保护空气开关（21-F08）到落弓继电器（21-K12）线圈的供电回路。落弓继电器（21-K12）线圈得电，其常闭触点（21-22）和（31-32）失电断开，升弓继电器（21-K10）线圈和受电弓工作控制阀（21-Y01）线圈的供电线路被切断，变为失电状态，由受电弓工作控制阀（21-Y01）控制的受电弓气缸向落弓方向运动，直到受电弓完全落下为止。

按下落弓按钮（21-S03），通过 SKS 可检测到一个高电平，由此可以判断出落弓按钮已被按下。

（二）本车落弓开关切换到断开状态

通过切换本车落弓开关（21-S05）到断开状态，使其常闭触点（21-22）和（31-32）处于断开位置，就切断了升弓继电器（21-K10）线圈和受电弓工作控制阀（21-Y01）线圈的供电线路，这两个线圈失电。由受电弓工作控制阀（21-Y01）控制的受电弓气缸向落弓方向运动，直到受电弓完全落下为止。这里还有几点需要注意：
① 紧急停车操作也会导致落弓。当紧急停车按钮 1（22-S07）或紧急停车按钮 2（22-S19）被按下时，紧急停车继电器（22-K08）失电，落弓继电器（21-K12）得电，受电弓落下。
② 落弓通常是在司机室通过按下落弓按钮来实现的，切换本车落弓开关仅在发生故障时切除本车受电弓。

三、受电弓状态监视

（一）受电弓升弓状态

受电弓状态监视控制电路如图 5-3 所示。

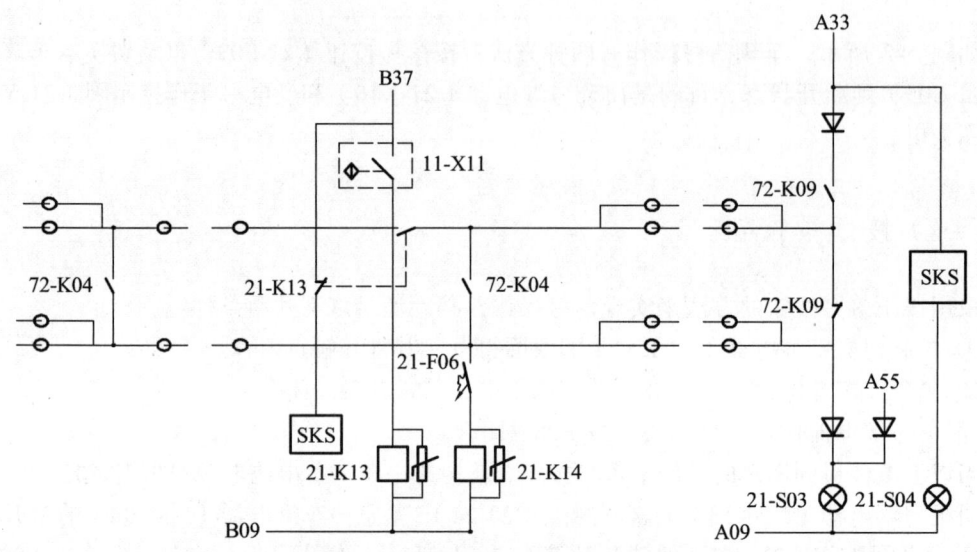

图 5-3　受电弓状态监视控制电路

21-K13—本车受电弓落到位继电器；21-K14—所有弓落到位继电器；72-K09—列车控制接通继电器；
72-K04—车末端继电器；11-X11—受电弓落到位的位置传感器

如图 5-3 所示，当本车受电弓落到位的位置传感器（11-X11-S1）未动作时，本车受电弓落到位继电器（21-K13）的线圈不得电，其常开触点处于断开状态，落弓按钮（21-S03）的内置指示灯熄灭，其常闭触点（21-22）触点闭合，通过 SKS 检测到一个高电平，可以判断该受电弓已经处于升起状态。

当列车控制系统发现所有受电弓都处于升起状态时，通过 SKS 输出一个高电平，使升弓按钮（21-S04）的内置指示灯点亮，提示所有受电弓都已处于升起状态。

（二）受电弓落弓状态

如图 5-3 所示，列车控制系统判断所有受电弓落下的条件为：
① 列车控制继电器 2(72-K09) 的线圈处于得电状态，常开触点闭合，常闭触点断开。
② 所有 Mp 车的本车弓落到位的位置传感器（11-X11-S1）动作，处于闭合位置。
③ 部分 Mp 车末端继电器 1（72-K04）的线圈得电，其常开触点闭合。
④ 部分 M 车末端继电器 1（72-K04）的线圈得电，其常开触点闭合。

当部分受电弓落到位以后，本车弓落到位的位置传感器（11-X11-S1）动作，处于闭合位置，本车受电弓落到位继电器（21-K13）的线圈得电，相应的常开触点闭合，常闭触点断开。

当所有受电弓都落到位以后，所有（21-K13）的常开触点都闭合，这样就形成了一条经过受控单元列车控制继电器 2（72-K09）的常开触点、所有（21-K13）的常开触点、非受控单元列车控制继电器 2(72-K09)的常闭触点，并经过车钩线最终流向控制单元落弓按钮（31-S03）内置指示灯的回路。在所有弓都落下后，落弓按钮内置指示灯点亮，提示所有弓都已落下。同时使所有弓落下继电器（21-K14）的线圈得电。

部分受电弓落到位时，对应的本车弓落到位继电器（21-K13）的线圈将会断开，通过 SKS 可检测到一个低电平，由此可以判断该受电弓已经处于落下状态。

当 Mp 车、M 车末端继电器 1(72-K04) 的线圈得电，其常开触点闭合时，落弓按钮（21-S03）指示灯点亮。

（三）受电弓故障处置

列车运行中，可能出现部分或全部受电弓落下故障。全部受电弓异常落下故障是由于落弓列车线常得电，造成落弓继电器（21-K12）常得电，升弓继电器（21-K10）与升弓电磁阀（21-Y01）失电，受电弓落下。应急处理该故障时，首先检查紧急停车按钮状态，然后查看"列车信号线落弓"自动保护开关（21-F08）是否断开。当升弓条件满足但不能升弓时，可采用同样的方法检查排除故障。

第三节　高速断路器控制电路

高速断路器简称 HSCB，是牵引系统主回路保护性的电源开关。当牵引主回路发生短路、过载、过压等故障时，高速断路器会快速断开，切断主回路，以防止牵引主回路中电气设备受到损害。牵引主回路开始工作前，高速断路器先闭合。本节主要介绍高速断路器闭合需要具备的条件，以及闭合、断开的过程。

一、高速断路器的闭合

在列车已经激活、受电弓已经升起的情况下，高速断路器的闭合要经过几个阶段。首先高速断路器接通中间继电器（21-K01）线圈要得电，然后高速断路器接通继电器线圈得电，最后高速断路器主线圈得电，高速断路器闭合。

（一）高速断路器接通中间继电器（21-K01）线圈得电

高速断路器控制回路由蓄电池供电。高速断路器控制电路1如图5-4所示。

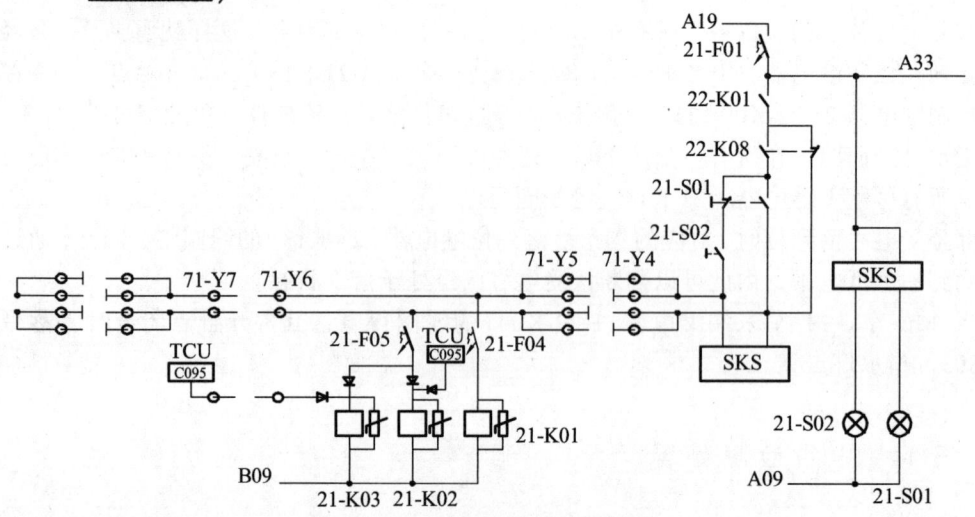

图 5-4 高速断路器控制电路 1

21-F01—受电弓、高速断路器工作控制空气开关；22-K01—司机室控制继电器；22-K08—紧急停车继电器；
21-S01—高速断路器断开按钮；21-S02—高速断路器接通按钮；21-K01—高速断路器接通中间继电器；
21-K02、21-K03—高速断路器断开中间继电器；SKS—数据采集处理分站；TCU—牵引控制单元

高速断路器接通中间继电器（21-K01）的线圈得电必须满足以下条件：

① 受电弓、高速断路器工作控制空气开关（21-F01）必须闭合；
② 司机室控制继电器（22-K01）的线圈必须得电，使其常开触点处于闭合状态；
③ 紧急停车继电器（22-K08）的线圈必须得电，使其常开触点处于闭合状态；
④ 高速断路器断开按钮（21-S01）不能被按下，使它的常闭触点处于闭合状态；
⑤ 高速电路断路器接通按钮（21-S02）必须被按下，使它的常开触点处于闭合状态；
⑥ 接通高速电路断路器的空气开关（21-F04）必须闭合。

正常情况下，空气开关（21-F01）一直处于闭合位置，只有当电路出现异常情况（如短路等）时，电路输入空气开关（21-F01）才会自动断开，以起到保护线路和防止故障扩散的作用。

司机室控制继电器（22-K01）线圈的得电情况，无论哪个单元作为控制单元（获得列车控制权），结果相同。如果一单元作为控制单元（用行车钥匙激活司机控制台），一单元 Tc 车上的列车控制接通继电器（22-K01）线圈就得电；如果二单元作为控制单元（用行车钥匙激活司机控制台），二单元 Tc 车上的列车控制接通继电器（22-K01）线圈就得电。同时该指令通过车钩传输给另一单元的高速断路器接通中间继电器（21-K01）的线圈，使其得电。紧急停车继电器（22-K08）线圈的得电情况，是由列车是否由驾驶员拍下紧急停车按钮实施紧急停车来决定的。如果列车实施了紧急停车，那么紧急停车继电器（22-K08）线圈就会失电。

在列车司机室占用端，只要按下高速断路器接通按钮（21-S02），同时保持高速断路器断开按钮（21-S01）位置状态不变，高速断路器接通中间继电器（21-K01）的线圈就会得电。在接通高速断路器继电器（21-K01）线圈得电的同时，通过 SKS 检测高速电路断路器接通按钮（21-S02）是否已经按下。当高速电路断路器全部合上后，通过 SKS 可输出一个高电平，使高速电路断路器接通按钮（21-S02）的内置指示灯点亮，提示驾驶员高速电路断路器已全部合上。

(二)高速断路器闭合过程

高速断路器具体闭合过程如图 5-5 所示。

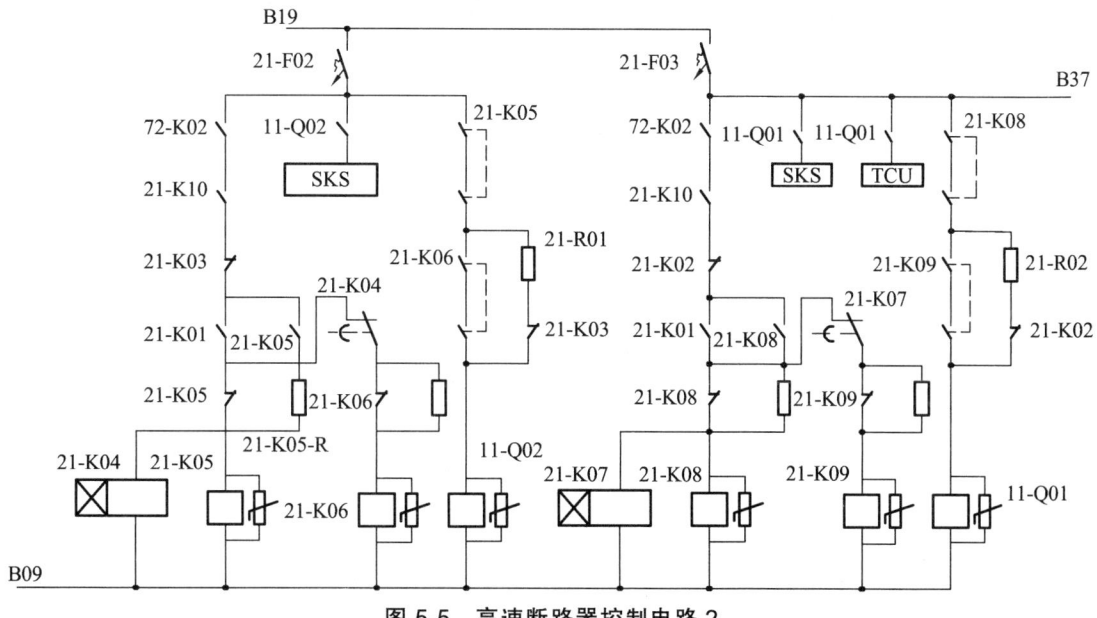

图 5-5　高速断路器控制电路 2

11-Q01—高速断路器主线圈；72-K02—列车控制接通继电器；21-K10—升弓保持继电器；
21-K05、21-K06—C 车高速断路器接通继电器；21-K08、21-K09—B 车高速断路器接通继电器

以 Mp 车为例，为了使高速电路断路器接通，必须满足以下条件：
① 列车控制接通继电器（72-K02）的线圈得电；
② 升弓继电器（21-K10）的线圈得电；
③ Mp 车断开高速电路断路器继电器（21-K02）的线圈失电；
④ 接通高速电路断路器继电器（21-K01）的线圈得电；
⑤ 控制 Mp 车高速电路断路器的空气开关（21F-03）处于闭合状态。

当满足以上条件以后，Mp 车高速电路断路器接通接触器（21-K08）的线圈得电，其常闭触点断开，常开触点闭合，这样该接触器线圈的供电线路中就串接了一个限流电阻，从而减小了电流，保证该线圈可以长时间安全工作，使接触器自保。在接通 Mp 车高速电路断路器接通接触器（21-K08）线圈得电的同时，Mp 车高速电路断路器延时吸合继电器（21-K07）的线圈也将得电。由于它是延时吸合（延时 0.5～1 s），在延时时间内其常闭触点仍然处于闭合状态。这样，在这段时间内 Mp 车高速电路断路器接通接触器（21-K09）线圈也因此而得电。

在 Mp 车高速电路断路器延时吸合继电器（21-K07）的延时吸合时间内，高速电路断路器接通接触器（21-K08）和（21-K09）的线圈都得电，这样（21-K08）的常开触点和（21-K09）的常开触点都处于闭合状态，Mp 车高速电路断路器（11-Q01）的主线圈得电，高速电路断路器处于接通状态。

当 Mp 车高速电路断路器延时吸合继电器（21-K07）的延时吸合时间结束以后，（21-K07）

的常闭触点将会断开，高速电路断路器接触器（21-K09）的线圈因此而失电，（21-K09）的常开触点随之断开。此时由于高速电路断路器断开按钮（21-S01）未被按下，Mp 车断开高速电路断路器继电器（21-K02）线圈保持失电。只有（21-K09）的常开触点断开，（21-K08）仍然得电，Mp 车高速电路断路器（11-Q01）的主线圈依然能够经 Mp 车高速电路断路器限流电阻（21-R02）、Mp 车断开高速电路断路器继电器（21-K02）的常闭触点保持得电状态。这些定时装置设置的原因，一是为了高速电路断路器可靠吸合；二是为了对流经 Mp 车高速电路断路器（11-Q01）的主线圈的保持电流进行限流，以免大电流长时间流过线圈导致线圈发热损坏。

当 Mp 车高速电路断路器（11-Q01）的主线圈处于得电状态后，Mp 车高速电路断路器（11-Q01）的常开触点随之闭合，SKS 和 TCU 的板卡收到高速电路断路器已经合上的信息。

M 车高速电路断路器接通过程与 Mp 车相似。

二、高速断路器的断开

（一）断开高速断路器继电器（21-K02，21-K03）线圈得电

如图 5-4 所示，Mp 车断开高速电路断路器继电器（21-K02）和 M 车断开高速电路断路器继电器（21-K03）的线圈得电，必须符合以下条件：

① 受电弓、高速电路断路器工作控制空气开关（21-F01）必须闭合；
② 司机室控制继电器（22-K01）的线圈必须得电，其常开触点处于闭合状态；
③ 紧急停车继电器（22-K08）的线圈不得电，其常闭触点处于闭合状态；
④ 紧急停车继电器（22-K08）的线圈得电时，高速电路断路器断开按钮（21-S01）被按下，从而使它的常开触点处于闭合状态；
⑤ 断开高速电路断路器的空气开关（21-F05）必须闭合；
⑥ Mp 车 TCU 板卡不输出高电平，断开 Mp 车高速电路断路器继电器（21-K02）线圈将不得电；
⑦ M 车 TCU 板卡不输出高电平，断开 M 车高速电路断路器继电器（21-K03）线圈将不得电。

高速电路断路器继电器（21-K02/21-K03）得电原因：

① 列车紧急停车时，所有断开 Mp 车高速电路断路器继电器（21-K02）和所有断开 M 车高速电路断路器继电器（21-K03）的线圈将会得电，使各动车高速断路器分断。
② 正常状态下，按下高速电路断路器断开按钮（21-S01），断开 Mp 车高速电路断路器继电器（21-K02）和断开 M 车高速电路断路器继电器（21-K03）的线圈得电，使各动车高速断路器分断。
③ 若 Mp/M 车的主电路存在故障，其 TCU 板卡引脚将输出高电平，使相应的 Mp/M 车断开高速电路断路器继电器（21-K02/21-K03）的线圈得电，使其高速断路器分断。

在断开高速电路断路器继电器（21-K02/21-K03）线圈得电的同时，可通过 SKS 检测高速电路断路器断开按钮（21-S01）是否已经按下。当高速电路断路器全部分断后，通过 SKS 可使得高速电路断路器断开按钮（21-S01）的内置指示灯点亮，提示高速电路断路器已全部分断。

（二）高速断路器断开过程

如图 5-5 所示，当 Mp 车断开高速电路断路器继电器（21-K02）线圈得电后，其常闭触点就会断开，导致接通 Mp 车高速电路断路器接触器（21-K08）线圈和 Mp 车高速电路断路器（11-Q01）的主线圈失电，Mp 车高速电路断路器就被分断了。由于此时 Mp 车高速电路断路器接触器（21-K08）的常开触点和高速电路断路器继电器（21-K01）的常开触点已经处于断开状态，即使此时司机松开高速电路断路器断开按钮（21-S01），使其常闭触点闭合，由于高速电路断路器接通按钮（21-S02）未被按下，接通 Mp 车高速电路断路器接触器（21-K08）线圈和 Mp 车高速电路断路器（11-Q01）的主线圈仍处于失电状态。

当 Mp 车高速电路断路器（11-Q01）的主线圈处于失电状态后，Mp 车高速电路断路器（11-Q01）的常开触点随之断开，SKS 和 TCU 的板卡将收到高速电路断路器已经断开的信息。

M 车高速电路断路器断开过程与 Mp 车相似。

第四节　列车方向控制电路

列车运行方向由主控制器的方向手柄的位置决定，控制电路如图 5-6 所示。

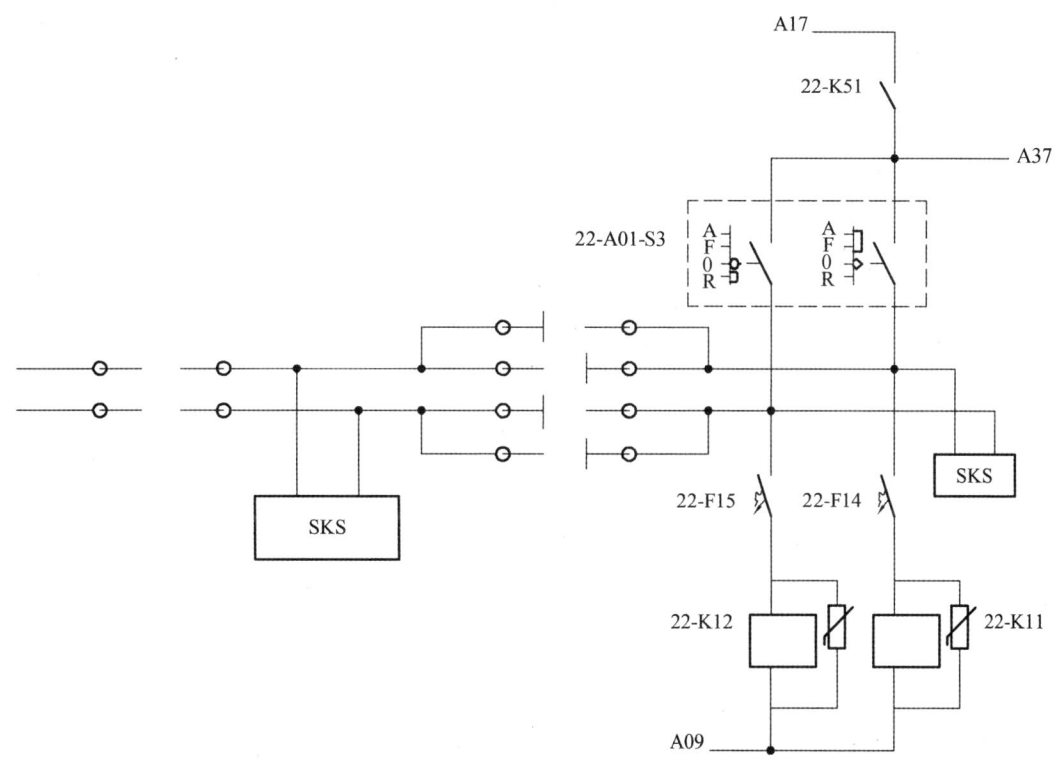

图 5-6　列车方向控制电路

22-A01-S3—方式方向手柄；22-K51—司机室占有继电器；22-K11—向前继电器；22-K12—向后继电器

当方式方向手柄（22-A01-S3）处于向前状态或 ATO 驾驶模式时，左侧常开触点处于断开状态，右侧常开触点处于闭合状态，这样向前继电器（22-K11）的线圈得电，向后继电器（22-K12）的线圈失电。

当方式方向手柄（22-A01-S3）处于后退状态时，左侧常开触点处于闭合状态，右侧常开触点处于断开状态，这样向后继电器（22-K12）的线圈得电，向前继电器（22-K11）的线圈失电。

当方式方向手柄（22-A01-S3）处于零位时，方式方向手柄的常开触点都处于断开状态，这样向前继电器（22-K11）和向后继电器（22-K12）的线圈都处于失电状态。

方式方向手柄的状态将通过 SKS 检测，并传送到 Mp、M 车的牵引控制单元中，进行相应的应用。

第五节　列车牵引/制动控制电路

一、PWM 编码电路

PWM 编码电路电路如图 5-7 所示。

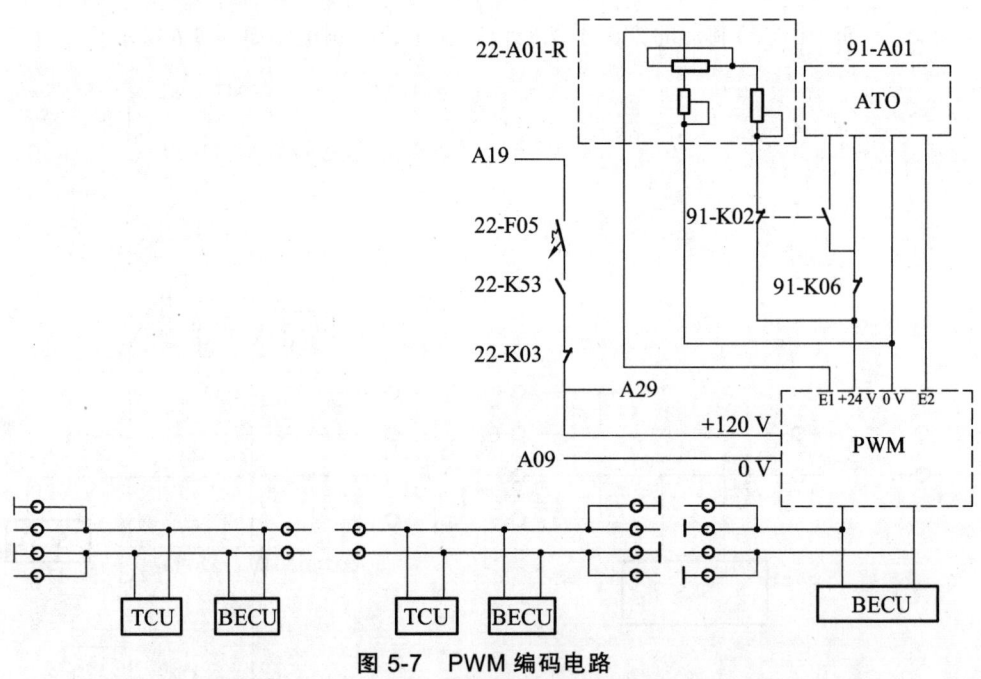

图 5-7　PWM 编码电路

22-K53—司机室占有继电器；91-K02—自动驾驶转换继电器；91-K06—ATO 切除继电器；
PWM—脉宽编码器；22-A01-R—司机控制器电位器；91-A01—ATO

图中列车 PWM 编码器的功能是将 ATO 模式或主控制器手柄输出的模拟参考值信号转换成脉宽调制信号，并将该信号传送到制动电子控制单元（BECU）和牵引控制单元（TCU）中，控制单元根据转换后的脉宽调制信号进行牵引和制动控制。由自动驾驶转换继电器

（91-K02）决定由哪个部件输入牵引/制动参考值信号：

① （91-K02）的线圈得电，常闭触点断开，常开触点闭合，PWM 编码器由 ATO 系统输入。

② （91-K02）的线圈失电，常闭触点闭合，常开触点断开，PWM 编码器由主控制器手柄输入。

二、列车牵引条件准备

列车牵引/制动控制电路 2 如图 5-8 所示。

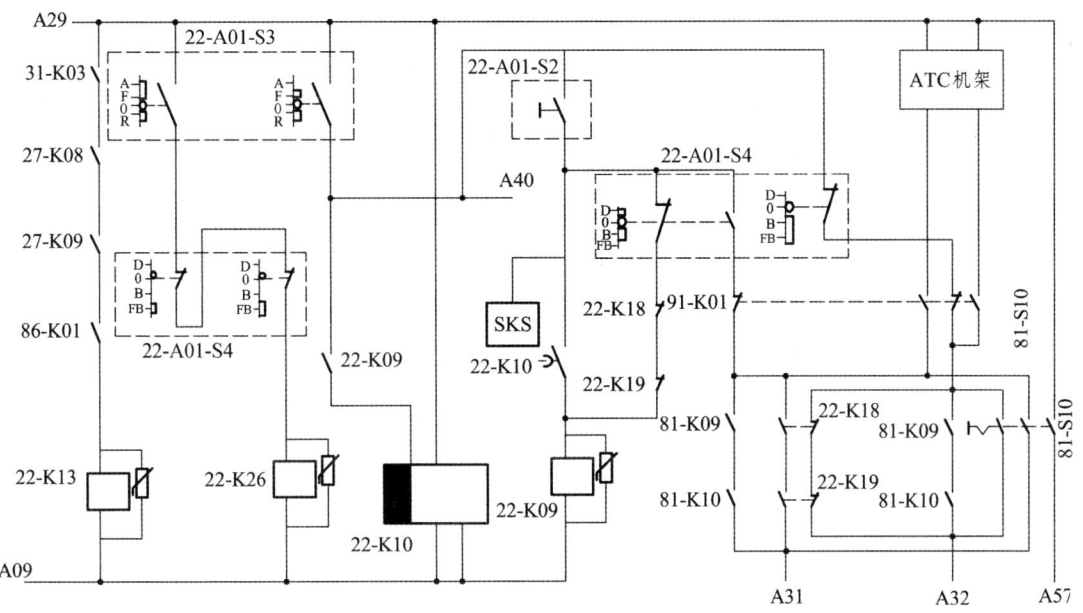

图 5-8 列车牵引/制动控制电路 2

31-K03—非车间电源继电器；27-K08—所有停放制动缓解继电器；27-K09—主风缸压力可用继电器；86-K01—安全疏散门锁好继电器；22-K13—禁止牵引继电器；22-K10、22-K09—警惕继电器（22-K10 双线圈继电器）；22-A01-S2—警惕按钮；22-A01-S3—方式方向手柄；22-A01-S4—主控制手柄；91-K01—自动驾驶转换继电器；22-K26—快速继电器；22-K18、22-K19—速度>0 继电器；81-K09—列车所有右侧门关好继电器；81-K09—列车所有左侧门关好继电器；81-S10—门关好旁路开关

（一）牵引继电器（22-K13）线圈得电的条件

① 非车间电源继电器（31-K03）线圈得电，常开触点闭合；
② 所有停放制动缓解继电器（27-K08）线圈得电，常开触点闭合；
③ 主风缸压力可用继电器（27-K09）线圈得电，常开触点闭合；
④ 安全疏散门锁好继电器（86-K01）线圈得电，常开触点闭合。

在非车间电源供电方式、所有停车制动都处于缓解状态、主风缸压力可用和安全疏散门锁好这些条件都满足的情况下，电动列车才允许牵引。

（二）快速制动的继电器（22-K26）线圈得电条件

① 方式方向手柄（22-A01-S3）离开"0"位，常开触点闭合；
② 主控制手柄（22-A01-S4）处于快速制动位置，常开触点处于闭合位置。

（三）警惕按钮继电器（22-K10）得电条件

警惕按钮继电器的得电条件：方向手柄离开"0"位；警惕按钮（22-A01-S2）被按下。

1. 车辆静止情况下，警惕按钮继电器（22-K09）线圈得电条件

① 方式方向手柄（22-A01-S3）在前进/后退位置，常开触点闭合；
② 警惕按钮（22-A01-S2）被按下，常开触点闭合；
③ 主控制器（22-A01-S4）在"0"位，常闭触点闭合；
④ 速度>0继电器Ⅰ（22-K18）线圈失电，常闭触点闭合；
⑤ 速度>0继电器Ⅱ（22-K19）线圈失电，常闭触点闭合。

2. 车辆处于手动牵引情况下，警惕按钮继电器Ⅱ（22-K10）线圈得电条件

① 方式方向手柄（22-A01-S3）在前进/后退位置，常开触点闭合；
② 主控制器（22-A01-S4）在牵引位，常开触点闭合；
③ 警惕按钮继电器（22-K09）线圈得电。

当警惕按钮（22-A01-S2）松开未被按下，其常开触点断开，警惕按钮继电器Ⅱ（22-K10）将进入延时断开状态，4 s后，其常开触点断开。于是紧急制动继电器（22-K25）的线圈失电，这时车辆立即实施紧急制动。

（四）车辆进行手动牵引的条件

① 方式方向手柄（22-A01-S3）在前进/后退位置，常开触点闭合；
② 警惕按钮（22-A01-S2）被按下，常开触点闭合；
③ 主控制器（22-A01-S4）在牵引位，常开触点闭合；
④ 自动驾驶转换继电器的线圈失电，常闭触点闭合；
⑤ 禁止牵引继电器（22-K13）的线圈得电，常开触点闭合；
⑥ 快速制动继电器（22-K26）的线圈得电，常开触点闭合；
⑦ 紧急制动继电器（22-K25）的线圈得电，常开触点闭合；
⑧ 当车辆运行时，速度>0继电器（22-K18，22-K19）的线圈得电，常开触点闭合；
⑨ 当车辆静止时，列车右侧门关好继电器（81-K09）和列车左侧门关好继电器（81-K10）的线圈都得电，常开触点闭合；
⑩ 当车门出现故障时，所有车门关好旁路开关（81-S10）处于旁路位置，常开触点闭合。

通过SKS可判断车辆是否处于手动牵引的状态。

三、列车自动牵引、常用制动、快速制动控制电路

列车自动牵引、常用制动、快速制动控制电路图如图 5-9 所示。

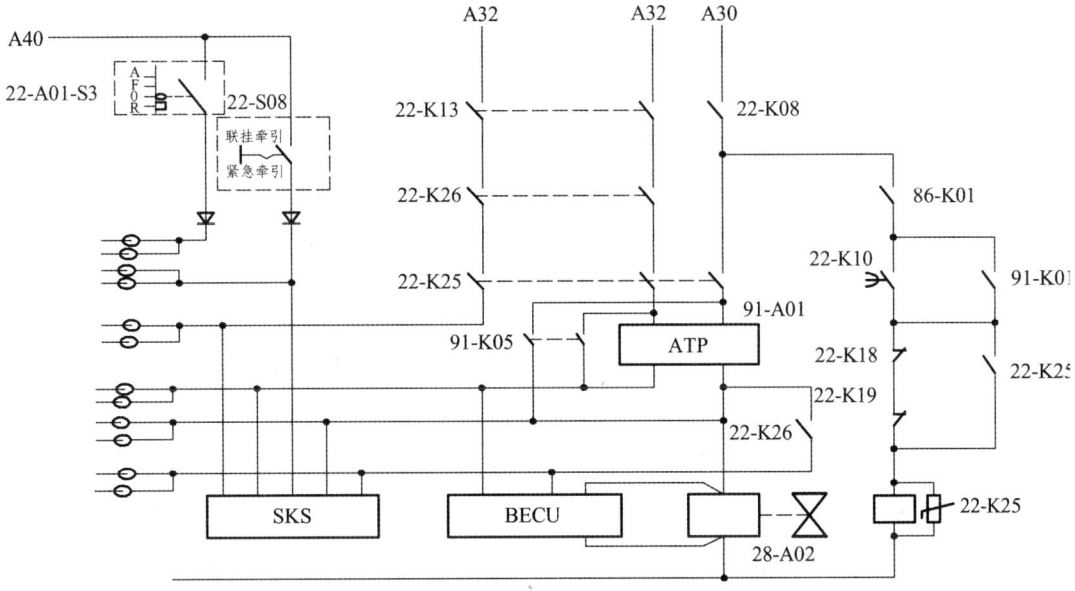

图 5-9　列车牵引、常用制动、快速制动控制电路图

22-K08—紧急停车继电器；22-K25—紧急制动继电器；91-K05—ATP 切除继电器；
28-A02—紧急阀；22-S08—联挂牵引旋钮开关

（一）车辆执行自动牵引指令的条件

① 参看图 5-8（ATO 状态）；
② 自动驾驶转换继电器 I（91-K01）线圈得电，常开触点闭合；
③ 禁止牵引继电器（22-K13）的线圈得电，常开触点闭合；
④ 快速制动继电器（22-K26）的线圈得电，常开触点闭合；
⑤ 紧急制动继电器（22-K25）的线圈得电，常开触点闭合；
⑥ 当车辆运行时，速度>0 继电器（22-K18，22-K19）的线圈得电，常开触点闭合；
⑦ 当车辆静止时，列车右侧门关好继电器（81-K09）和列车左侧门关好继电器（81-K10）的线圈都得电，常开触点闭合；
⑧ 当车门出现故障时，所有车门关好旁路开关（81-S10）处于旁路位置，常开触点闭合。
通过 SKS 可判断车辆是否处于自动牵引的状态。

（二）车辆执行常用全制动指令（低电平）的条件

① 主控制器手柄（22-A01-S4）处于制动和快速制动位置，常闭触点断开；
② 列车右侧门关好继电器（81-K09）的线圈失电，常开触点断开；
③ 列车左侧门关好继电器（81-K10）的线圈失电，常开触点断开；
④ 禁止牵引继电器（22-K13）的线圈失电，常开触点断开；

⑤ 快速制动继电器（22-K26）的线圈失电，常开触点断开；
⑥ 紧急制动继电器（22-K25）的线圈失电，常开触点断开。
满足上述任何一个条件，都可以执行。

在 ATO 模式下 ATP（91-A01）监视常用全制动指令，并将指令通过 SKS 发送到 BECU。

当 ATP 出现故障之后，ATP 可以被一个旋转开关切除。这样继电器 ATP 切除继电器（91-K05）的线圈将会得电，其常开触点闭合，常用全制动指令绕过 ATP 直接发送给 BECU。

（三）车辆执行紧急制动指令（低电平）的条件

①紧急停车继电器（22-K08）线圈失电，常开触点断开；
②安全疏散门继电器（86-K01）线圈失电，常开触点断开；
③警惕按钮继电器Ⅱ（22-K10）线圈失电，常开触点断开；
满足上述任意一种条件就可以使紧急制动继电器（22-K25）的线圈失电。

在 ATO 模式下 ATP（91-A01）监视紧急制动指令，并将指令发送到 BECU。

当 ATP 出现故障之后，ATP 可以被一个旋转开关切除。这样继电器 ATP 切除继电器（91-K05）的线圈将会得电，其常开触点闭合，紧急制动指令绕过 ATP 直接发送给制动控制阀（28-A02）。另外，ATC 根据控制需要可直接发出紧急制动指令。

（四）车辆执行快速制动指令（低电平）的条件

主控制器手柄（22-A01-S4）处于快速制动位置，常闭触点断开。使快速制动继电器（22-K26）失电，禁止牵引指令传输，快速制动指令发送到本车的 BECU，并通过列车线传输给其他车辆。

当 ATP 出现故障之后，ATP 可以被一个旋转开关切除。这样 ATP 切除继电器（91-K05）的线圈将会得电，其常开触点闭合，快速制动指令绕过 ATP 进行传输。

四、车辆后退运行的条件

方式方向手柄处于后退位置，(22-A01-S3) 的常开触点闭合，后退指令将通过列车线传输至所有动车的 TCU 并被执行。

五、限制线路电流，联挂牵引，慢行（清洗/旋轮）牵引

列车联挂牵引控制电路如图 5-10 所示。

当把限制线路电流旋钮开关（22-S04）转到限流位置时，通过 SKS 可检测到一个高电平，从而可以判断出限制线路电流按钮处于限流位置。

当按下慢行（清洗／旋轮）牵引按钮（22-S13）时，通过 SKS 可检测到一个高电平，从而可以判断出慢行（清洗／旋轮）牵引按钮已被按下。

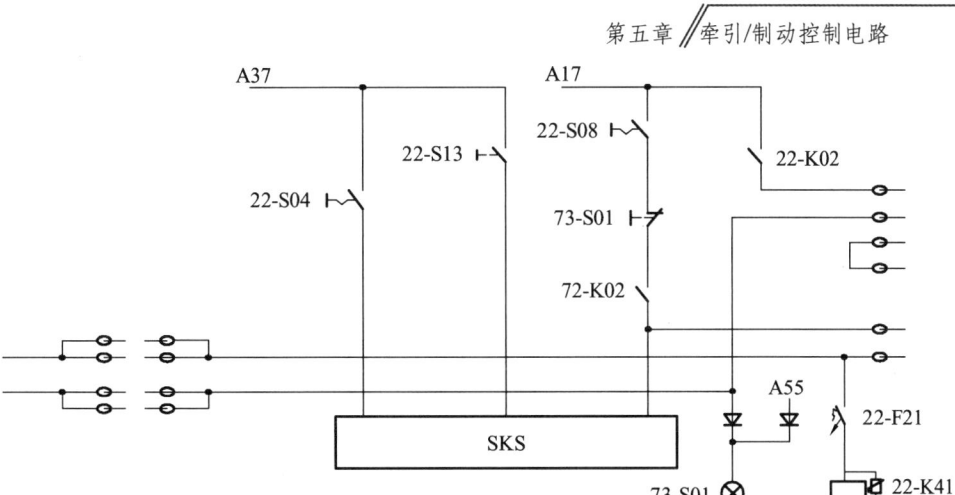

图 5-10 列车联挂牵引控制电路

22-S04—限流旋钮开关；22-S13—慢行牵引按钮；73-S01—列车联挂按钮；72-K02—列车控制接通继电器；22-K02—司机室占有继电器；22-K41—联挂继电器

当把联挂牵引旋钮开关（22-S08）转到联挂位置时，通过 SKS 可检测到一个高电平，从而可以判断出联挂牵引旋钮开关处于联挂位置。

当列车联挂到位后，列车联挂好指示灯（73-S01）得电点亮，联挂继电器（22-K41）得电，车载 ATC 设备可以判断出列车现在已经完成联挂。

六、零速检测和紧急停车检测

零速检测和紧急停车检测控制电路如图 5-11 所示。

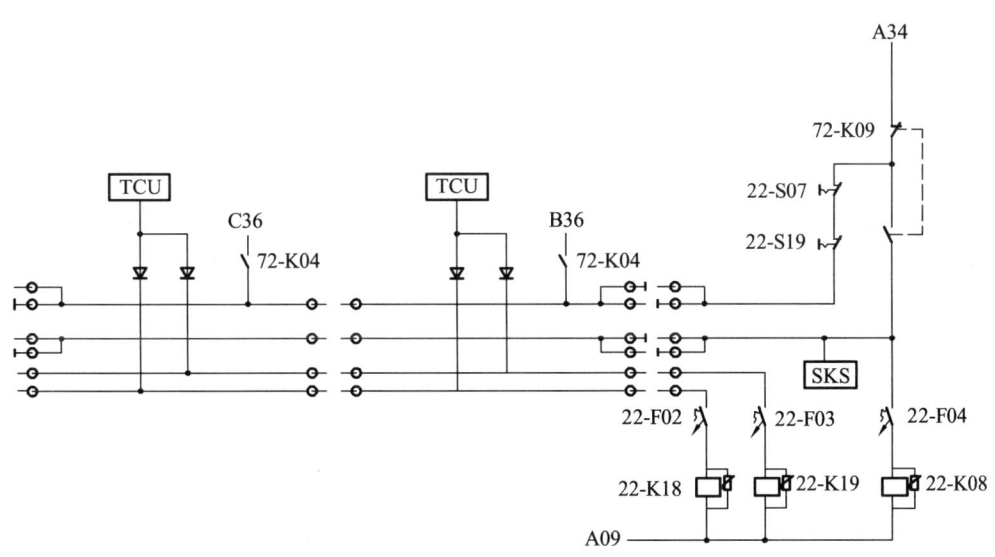

图 5-11 零速检测和紧急停车检测控制电路

72-K09—列车控制继电器；22-S07、22-S19—紧急停车按钮；22-K18、22-K19—速度>0 继电器；72-K04—列车末端继电器；22-K08—紧急停车继电器

当车辆处于静止状态时，Mp 车和 M 车牵引控制单元模块输出低电平，这样速度>0 继电器（22-K18，22-K19）的线圈失电；当车辆运行时，Mp 车和 M 车牵引控制单元模块输出高电平，这样速度>0 继电器（22-K18、22-K19）的线圈得电。值得注意的是，不同车辆，速度<3 km/h（或 5 km/h）时都认定为零速。

当任意一个紧急停车蘑菇按钮（22-S07 或 22-S19）被按下时，就将使紧急停车继电器（22-K08）的线圈失电，通过 SKS 可检测到一个低电平，从而可以判断出紧急停车蘑菇按钮已被按下。

课后练习题

1. 简述高速断路器的闭合过程。
2. 哪些情况会导致高速断路器断开？
3. 简述正常升弓需要具备什么条件。
4. 哪些情况会导致降弓？
5. 什么情况下升弓按钮灯点亮？
6. 在什么条件下司机室被激活？
7. 简述激活端与非激活端的向前与向后继电器得电的情况。
8. 手动驾驶时，需要满足哪些条件才能获得牵引指令？
9. 零速继电器、紧急停车继电器在什么情况下得电？

第六章　列车网络控制系统

随着微电子技术和分布式现场总线技术的发展，越来越多的城市轨道列车采用列车通信网络，利用网络对车载设备进行集散式监视、控制和管理，逐步实现列车控制的智能化、网络化和信息化。

本章主要从硬件配置、通信总线、拓扑结构等方面简单介绍列车网络控制系统。

第一节　列车网络控制系统简介

一、列车网络控制系统概述

列车网络控制系统是基于通信网络的列车控制系统，以车载微机为主要技术手段，通过网络实现列车各子系统之间的信息交换，最终达到对车载设备进行集散式监视、控制和管理的目的。

列车网络控制系统包括以实现各种功能控制的子系统微机控制单元、实现车辆控制的车辆控制单元和实现信息交换的通信网络。通过通信网络，实现车辆控制单元与子系统微机控制单元的信息交换、控制、监测以及故障诊断等功能。

城市轨道交通车辆网络控制系统主要有 TCMS（列车控制与监测系统）、TIMS（列车综合管理系统）和 TMS（列车监控系统）三种形式。

二、列车网络控制系统的功能

列车网络控制系统拥有整车的控制、监视和诊断功能。列车网络控制系统主控制单元可以控制子系统，保证被控设备的正常运行，在发生故障时可以采取适当的措施切除故障设备，保证列车正常运行。

列车网络控制系统主要实现以下功能：
① 总线通信管理与数据通信控制；
② 通过总线进行列车及子系统的管理和控制；
③ 监视列车运行的状态信息；
④ 故障诊断及输出；
⑤ 事件记录功能；
⑥ 与外部 PC 机之间的服务接口。

列车网络控制系统主要对以下子系统进行监控：
① 辅助供电系统；
② 车门控制系统；
③ 牵引/制动控制系统；
④ 空调系统；
⑤ 车载 ATP/ATO 系统；
⑥ 列车照明系统；
⑦ 乘客信息系统；
⑧ 列车通信系统；
⑨ 受电弓等。

三、列车网络控制系统硬件配置

列车网络控制系统利用通信网络实现对车载设备的控制、监控及故障诊断。它由微机单元利用相应总线通信来实现。列车网络控制系统主要部件有车辆控制单元、网关、微处理器单元、输入/输出模块、司机显示单元、冗余中继器等。

（一）车辆控制单元

车辆控制单元是列车网络控制系统的控制中心。它几乎与列车上所有设备直接或间接地通信，对各设备进行状态监测和控制。车辆控制单元参与控制或监测的设备如图 6-1 所示。

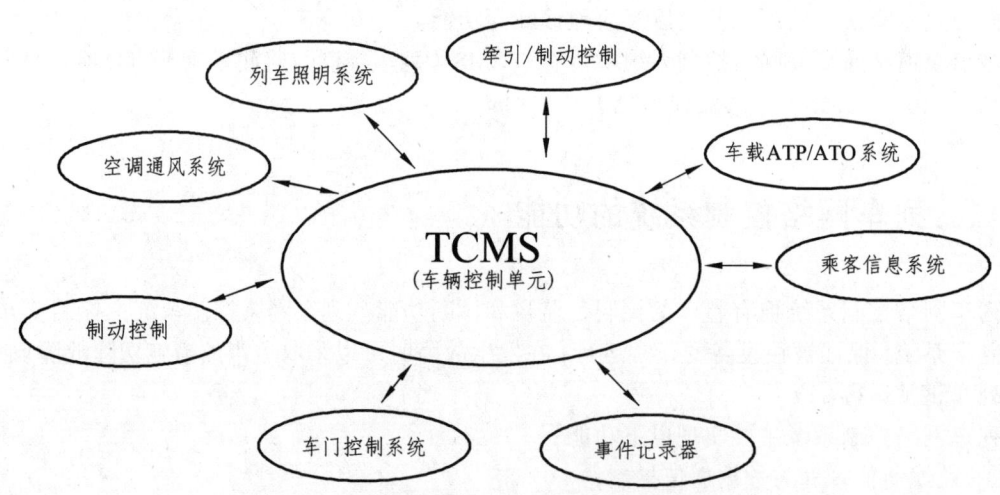

图 6-1　车辆控制单元参与控制或监测的设备

（二）网关（GW）

网关简称 GW，用于连接 MVB 总线和 WTB 总线，处理 WTB 与列车 MVB 区段之间的数据通信或负责 CAN 总线与 MVB 总线的数据交换。GW 是不同物理介质和不同通信协议的转换接口。

（三）输入/输出模块

输入/输出模块一般分布在列车不同位置，用于采集分散的输入量和通过输出量控制列车中分散的设备。同时，控制单元的数字输入/输出和模拟信号可通过输入和输出装置连接至车辆总线。

（四）司机显示单元

司机显示单元是列车司机与列车网络控制系统之间进行信息交换的人机界面。司机显示单元带有触摸屏，可通过点击司机显示单元查看列车状态，以及对某些设备进行控制。

司机显示单元主要显示受电弓/高速断路器状态、辅助电源状态、空压机状态、空调状态、车门状态、牵引/制动状态、乘客信息系统状态、网压状态等信息，以及列车基本信息（如时间、运行里程、语言）和事件信息等。

司机显示单元如图 6-2 所示。

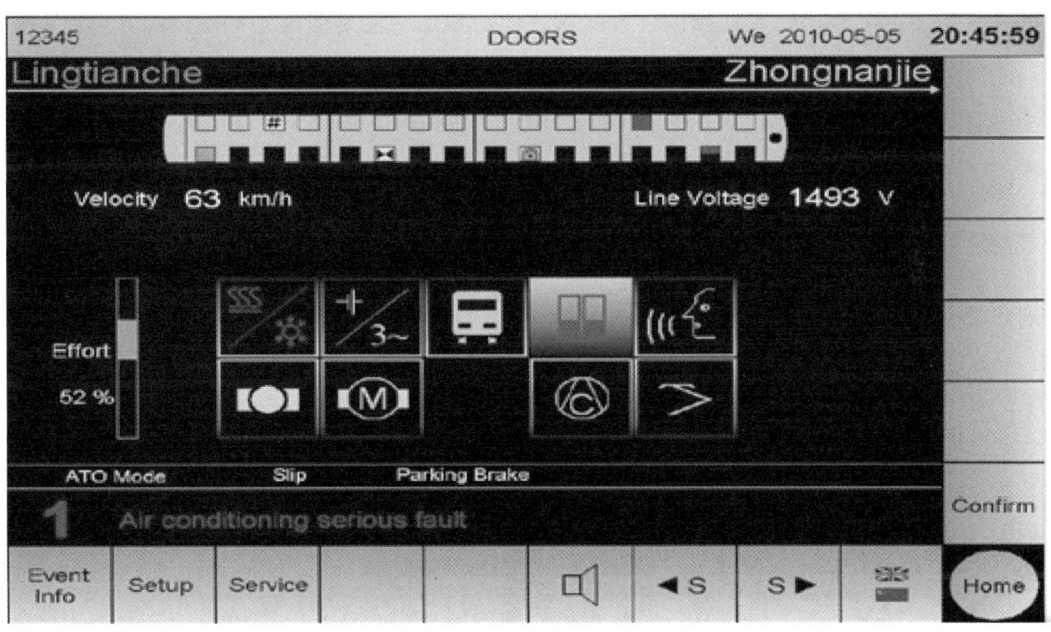

图 6-2　司机显示单元

（五）中继器

中继器主要负责完成信号的复制、调整和放大，由此延长网络的长度。中继器用于放大和对总线信号进行处理，消除干扰，提高总线的长度和增加连接到总线上设备的数量。

四、列车网络控制系统通信总线

（一）MVB总线

MVB是多功能车辆总线的简称，属于现场总线，也是工业控制的一种。城市轨道交通车辆通信网络分为两级：列车控制级、车辆控制级。

MVB主要作为车辆级的通信总线，该总线使用双绞线介质，将车辆上各个重要设备与车辆主机连接，如牵引控制单元、辅助控制单元、制动电子控制单元等都通过MVB总线与车辆控制单元进行通信传输控制、监测信号等。

（二）CAN总线

CAN全称为"Controller Area Network"，即控制器局域网，是国际上应用最广泛的现场总线之一。CAN采用多主竞争式结构，具有多主站运行和分散仲裁的串行总线以及广播通信的特点。CAN总线上任意节点可在任意时刻主动地向网络上其他节点发送信息而不分主次，因此可在各节点之间实现自由通信。

近年来，CAN在城市轨道交通车辆上的制动、牵引等控制系统中得到了广泛应用。EP2002制动系统中，网关阀、输入输出阀、智能阀之间传输信号就是使用CAN总线。

（三）RS232总线

RS232是目前数据通信中使用最早、应用最广的一种异步串行通信标准。RS232采取不平衡传输方式，即单端通信。其收发端的数据信号都是相对于地信号的。所以其共模抑制能力差，再加上双绞线的分布电容，其传输距离最大约为15 m，速率为20 kb/s，且其只能支持点对点通信。

（四）RS485总线

RS485采用平衡发送和差分接收方式实现通信。传输线通常使用双绞线，采用差分传输，所以有极强的抗共模干扰的能力。RS485最大的通信距离约为1 219 m，最大传输速率为10 Mb/s。如果需传输更长的距离，需要加装RS485中继器。

RS485采用半双工工作方式，支持多点数据通信。RS485总线网络拓扑一般采用终端匹配的总线型结构，即采用一条总线将各个节点串接起来，不支持环形或星形网络。

五、常见列车网络控制系统简介

我国城市轨道交通列车主要应用以下四种网络控制系统，下面分别进行简单介绍。

（一）FSK 总线控制系统

FSK 总线控制系统是日本多家牵引设备制造商为地铁轻轨列车设计的监控系统网络，其特点是结构简单，成本低廉，且能够满足地铁轻轨系统的功能要求。一般来讲，地铁轻轨车辆用 FSK 总线网络所组成的监控系统只考虑其主要设备的监视功能，而不考虑其控制功能。FSK 总线控制系统硬件如表 6-1 所示。

表 6-1 FSK 总线控制系统硬件

序号	设备	序号	设备
1	中央终端单元	4	视频显示器
2	终端单元	5	显示器控制单元
3	控制台	6	数据读取连接器

FSK 总线控制系统主要由中央终端单元（监控中心）、终端单元（监控终端）、控制台、视频显示器（VDU）、显示器控制单元、数据读取连接器组成。车辆与车辆之间的信息传输由中央终端单元和终端单元完成，每辆车上都安装了信息传输系统。由中央终端单元和终端单元实现对各节车 SIV、空调、车门等设备的控制。VDU 和数据读取器收集、处理每辆车上的重要设备的运行状况、故障记录、列车编组信息记录等。VDU 屏幕上显示每辆车上重要设备的运行状况。

（二）SIBAS 系统

SIBAS 系统是德国西门子公司提供的列车控制系统，能够实现列车的牵引系统控制、信息传输、运行监控和诊断等全部控制任务。SIBAS 系统硬件如表 6-2 所示。

表 6-2 SIBAS 控制系统硬件

代号	名称	代号	名称
CCU	中央控制单元	RVC	参考值转换器
BECU	制动电子控制单元	SKS KLIP	数据采集处理智能分站
TCU	牵引控制单元	MC	主控制器

SIBAS 系统主要由 CCU（中央控制单元）、TCU（牵引控制单元）、BECU（制动电子控制单元）、KLIP 分站、RVC（参考值转换器）等组成。

① CCU：中央控制单元（Central Control Unit），具有对运行的列车和车载部件进行控制、监测的功能。CCU 中还包含一个 CFSU（中央故障存储单元）。

② TCU：牵引控制单元（Traction Control Unit），用于监控和控制 PWM 逆变器。TCU 是一个控制牵引的电子设备，主要功能是控制牵引和电制动。

③ BECU：制动电子控制单元（Brake Electronic Control Unit），每节车都装有一个 BECU，主要用来进行所有制动控制信号以及防滑系统信号的处理。

④ RVC：参考值转换器（Reference Value Converter），主要用来将主控制手柄给出的模拟信号转换成脉冲信号，提供给牵引控制单元和制动电子控制单元。

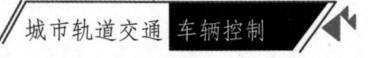

（三）Mitrac CC 系统

Mitrac CC 系统是庞巴迪公司专门为轨道交通车辆应用而设计的一套计算机系统，它处理列车的整个控制和监视系统。

Mitrac CC 系统硬件如表 6-3 所示。

表 6-3 Mitrac CC 系统硬件

代号	名称	代号	名称
VCU	车辆控制单元	MVB	多功能车辆总线
DX	数字输入/输出单元	DCU/A	驱动控制单元，辅助逆变器
AX	模拟输入/输出单元	DCU/M	驱动控制单元，电机变流器
DDIO	司机台输入/输出单元	IDU	智能显示单元
WTB	绞线式列车总线	PCU	牵引控制单元
TDS	列车诊断系统	GW	网关

① VCU：所有连接到列车通信网络的智能和非智能单元都由 VCU（车辆控制单元）进行控制。VCU 完成对列车的牵引和制动控制、空调控制、车门控制以及通信控制等。

② PCU：牵引控制单元，用于对牵引系统进行控制。

③ TDS：车载列车诊断系统。每一节车的 VCU 收集并在故障数据库中存储有关车辆的事件、故障和车辆状态的相关信息。故障信息在司机台上的 IDU（智能显示单元）显示出来。

（四）AGATE 系统

AGATE 系统是阿尔斯通公司开发的列车控制系统。

TIMS 管理系统是 AGATE 系统在地铁车辆中应用的列车综合管理系统。TIMS 的硬件如表 6-4 所示。

表 6-4 TIMS 管理系统硬件

代号	名称	代号	名称
MPU	主处理单元	PCE	牵引控制电子装置
DDU	司机显示单元	BCE	制动控制电子装置
RIOM	远程输入/输出模块	EDCU	电子门控单元

① MPU：主处理单元，用于列车的控制和通信。所有连接到列车通信网络的智能和非智能单元都通过车辆总线、列车总线与 MPU 取得通信。

② BCE：制动控制电子装置，是地铁列车制动系统控制微机，与 MPU、PCE 通信完成列车制动控制。

③ RIOM：远程输入输出单元，分布在列车不同位置，用于采集分散的输入量和通过输出量控制列车中分散的设备。

第二节 列车网络控制系统拓扑结构

列车网络控制系统是一种分散式现场总线控制技术。列车网络系统的设备被分布于列车各个地方，各设备通过一定的形式相互连接起来。分布于整列车的设备形成整个列车网络的网络节点，各式各样的网络节点形成了网络系统。网络的拓扑结构是指网络中节点的互联形式。常见的网络拓扑结构有星形、环形、总线形和树形等。城市轨道交通车辆一般采用总线网络拓扑结构。

一、地铁列车网络控制系统拓扑结构

不同的地铁列车的列车网络控制系统拓扑结构具有很高的相似性。下面简单介绍南京地铁2号线列车、重庆地铁6号线列车网络控制系统的拓扑结构。

（一）南京地铁2号线列车网络控制系统拓扑结构

南京地铁2号线列车网络控制系统（TCMS）能实现对列车的控制、监测和故障诊断等功能，其拓扑结构图如图6-3所示。

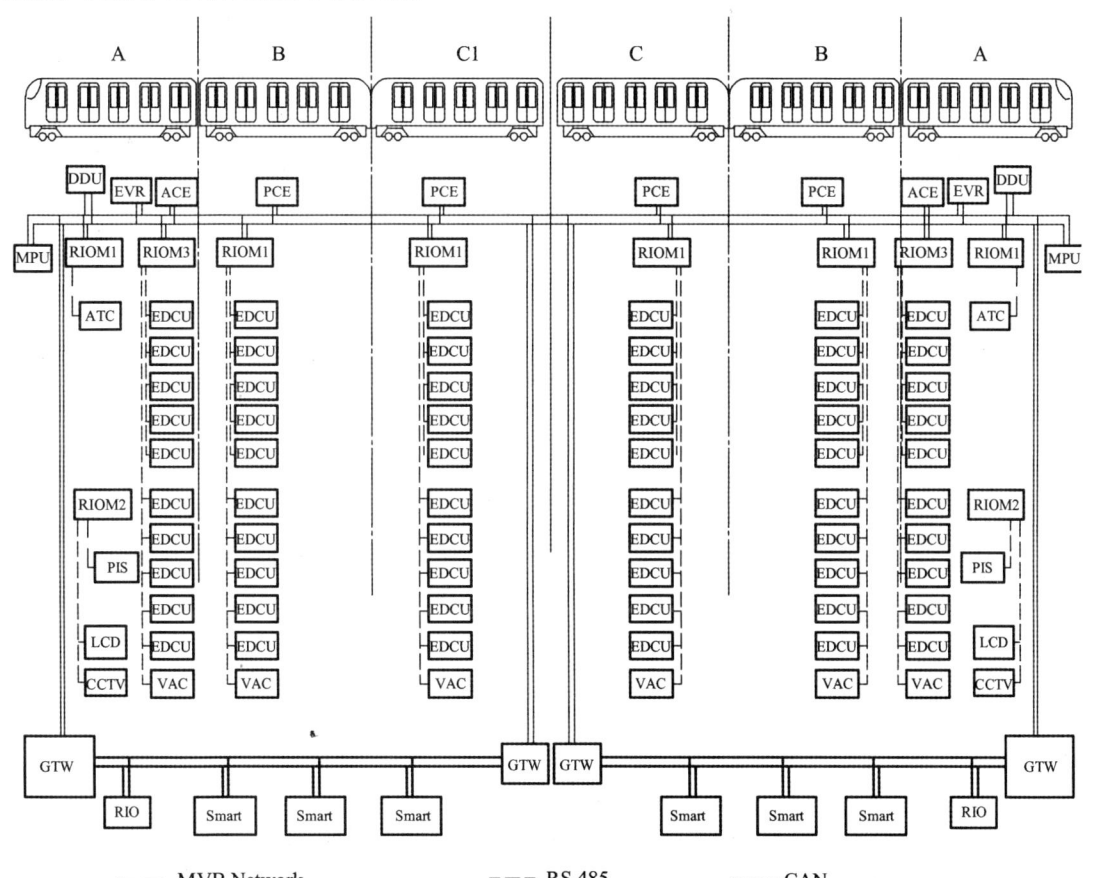

图6-3 南京地铁2号线列车网络控制系统拓扑图

拓扑图中缩写说明如表 6-5 所示：

表 6-5　南京地铁 2 号线列车网络控制系统拓扑图缩写说明

缩写	名　　称	缩写	名　　称
MPU	主处理单元	EVR	事件记录器
DDU	司机显示单元	ACE	辅助控制电子装置
RIOM	远程输入输出单元	PCE	牵引控制电子装置
ATC	列车自动控制	EDCU	电子门控单元
PIS	乘客信息系统	VAC	空调通风
LCD	液晶显示屏	GTW	网关阀
RIO	输入输出阀	Smart	智能阀

拓扑图中涉及部件有 MPU、DDU、ACE、PCE、RIOM、GTW、Smart、EDCU、PIS、VAC、EVR、ATC 等，其中主要部件的功能如下：

① MPU：TCMS 的主处理单元，通过 MVB 总线与各子系统控制单元通信，完成对各子系统的控制、监测和故障诊断等功能。

② PCE：制动控制电子装置，是地铁列车牵引系统控制微机，它与 MPU、GTW 通信完成列车牵引/电制动的控制。

③ ACE：辅助控制电子装置，是辅助逆变器的微机控制单元。

④ RIOM：远程输入输出单元，负责收集 EDCU、ATC、PIS、VAC 等信息，并将 MPU 的控制信息传递给 EDCU、ATC、PIS、VAC。

⑤ EVR：事件记录器，负责对列车设备运行状态、故障等进行存储记录。

通信总线有三种，即 MVB 总线、CAN 总线和 RS485 总线。MPU 与 DDU、ACE、PCE、RIOM、GTW、EVR 通过 MVB 总线进行通信。EDCU、VAC、PIS、ATC 通过 RS485 总线与 RIOM 相连。GTW 与 RIO、Smart 之间利用 CAN 总线进行连接。GTW 连接两种通信总线。两种通信总线通过 GTW 进行协议转换。

MVB 总线、CAN 总线均采用冗余布置，在一路通信线路故障的情况下，可由另一路通信线路完成通信功能。

（二）重庆轨道交通 6 号线列车网络控制系统拓扑结构

重庆轨道交通 6 号线列车网络控制系统（TCMS）整个列车通信网络划分为两级：列车控制级、车辆控制级。列车控制级总线和车辆控制级总线均采用 MVB。其拓扑结构图如图 6-4 所示。

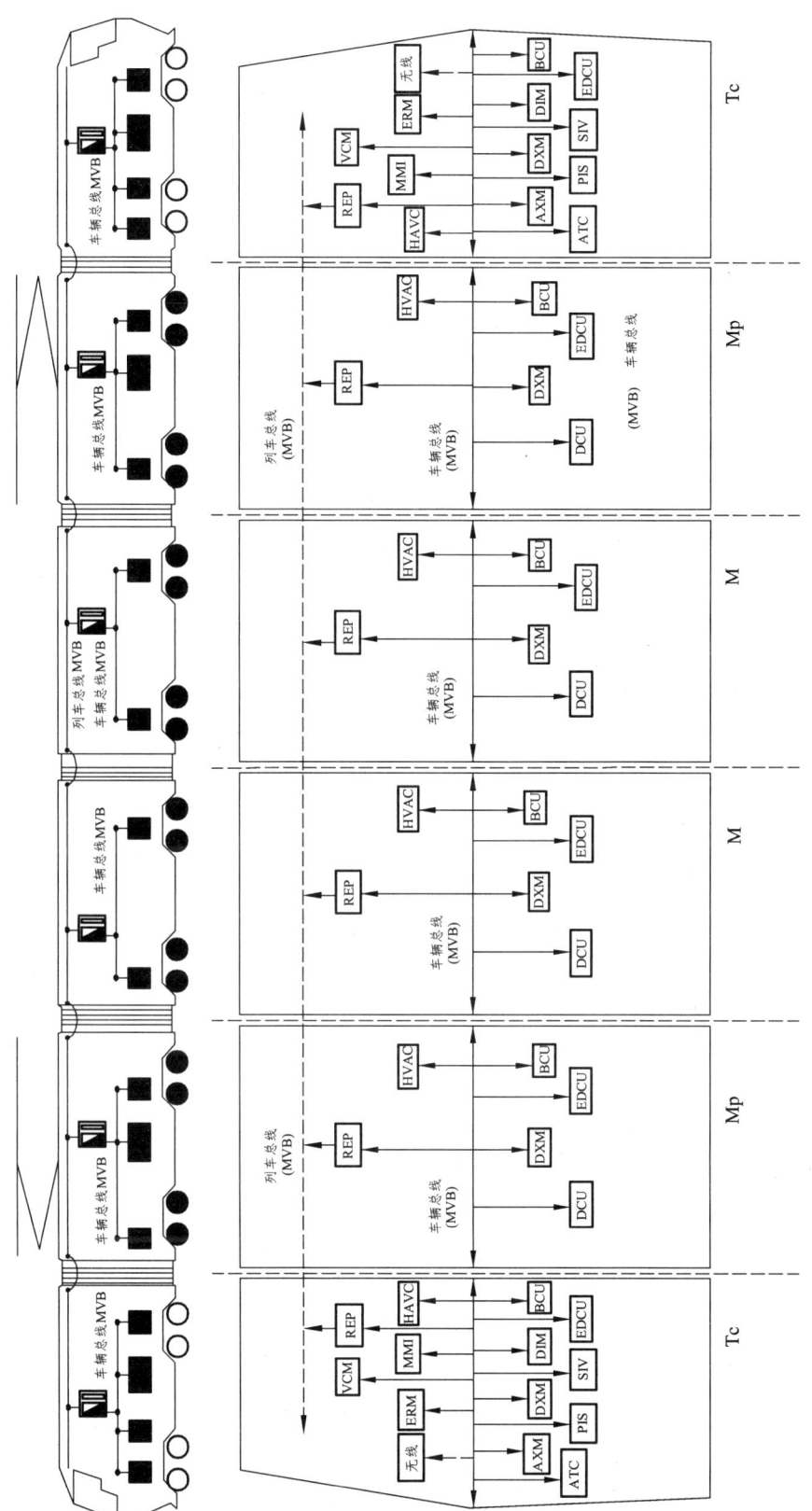

图 6-4 重庆地铁 6 号线列车网络控制系统拓扑结构

拓扑图中缩写说明如表 6-6 所示。

表 6-6　重庆轨道交通 6 号线列车网络控制系统拓扑图缩写说明

缩写	名　称	缩写	名　称
VCM	车辆控制模块	ERM	事件记录模块
MMI	人机接口单元	REP	中继模块
AXM	模拟量输入/输出模块	DXM	数字量输入/输出模块
DIM	数字量输入模块	EDCU	车门控制单元
DCU	牵引控制单元	HVAC	供暖、通风和空调设备

拓扑图中涉及部件有 VCM、MMI、ERM、REP、AXM、DXM、DIM、EDCU、DCU、HVAC、ATC、SIV 等，其中主要部件的功能如下：

① VCM：车辆控制模块。VCM 通过多功能车辆总线 MVB（EMD）与其他设备通信。VCM 执行诸如牵引/制动控制、空电联合控制、超速保护和空调顺序启动等一系列控制功能，并具有多功能车辆总线 MVB 的管理能力和故障诊断功能。

② ERM：事件记录仪模块。ERM 是数据转储的关键部件，具备数据记录和数据转存功能。

③ REP：中继模块。REP 作为列车级总线和车辆级总线的网关，实现列车级总线到车辆级总线的数据转发功能。

④ DXM：数字量输入输出模块。DXM 实现数字量信号的采集输入和控制输出。

⑤ DIM：数字量输入模块。DIM 实现数字量信号的采集输入。

⑥ AXM：模拟量输入输出模块。AXM 实现模拟量信号的采集输入和控制输出。

⑦ MMI：人机界面。MMI 是 TCMS 的显示终端设备，是司机和维护人员操作机车的窗口。

列车网络控制系统分为列车控制级和车辆控制级两个级别。同一车辆内各模块均连接于车辆级 MVB 总线。各车辆之间通过列车级 MVB 总线连接。REP 用于转发列车级总线与车辆级总线之间的数据。

不论是列车级总线还是车辆级总线，均采用通信线路双通道冗余设计，当某一路通信线路出现故障时，系统可以自动切换到另一路通信线路。

课后练习题

1. 列车网络控制系统硬件配置有哪些？并简单说明各自的作用。

2. 简述网关的作用。
3. 列车网络控制系统中司机显示单元的作用是什么？
4. 列车网络控制系统中主要会用到哪几种总线？
5. 列车网络控制系统一般能实现哪些功能？
6. 解释以下缩写词：TCMS、TMS、TDS、CFSU、GW、DDU、TCN、DCU、MPU、EVR、RVC。

第七章 车门控制系统

在城市轨道交通列车中，车门是涉及行车安全的重要设备，其数量多、开度大、开关门动作频繁、故障发生率较高。列车车门状态受 ATP 系统监控，列车牵引系统受车门联锁影响，车门控制系统并不是一个独立的系统，它在整个列车系统中发挥着重要的作用。

本章主要介绍电控电动车门控制系统的主要电气部件、开关门工作原理、车门安全回路、特殊情况下车门的控制等内容。现代城市轨道交通车辆客室车门广泛采用电控电动门。

第一节 车门控制系统的电气部件

车门控制系统的主要电气部件有：电子门控单元（EDCU）、车门驱动电机、门关好/锁好行程开关、紧急解锁开关、门锁闭/切除开关、车门模式选择开关。

一、电子门控单元

电子门控单元（EDCU）是车门控制系统的核心。EDCU 通过 RS485 总线与 TCMS 进行信息交换，完成对车门的控制、监测、调整，并传递车门的不同状态信息和诊断信息。

EDCU 是可编程控制器，使用 DC110 V 电源。它安装于客室车门旁，对相应车门进行控制。

EDCU 接收零速信号、开门信号和关门信号，处理后输出控制车门电机动作完成开/关门动作、障碍物探测等信号，同时，EDCU 根据车门状态向列车控制系统发出"车门关好"、"车门紧急解锁"、"车门锁闭/切除"和"车门故障"等信息。通过 EDCU 的接口，可以对车门开关速度、车门关门压力等参数进行调整。

二、车门驱动电机

城市轨道交通车辆车门驱动电机通常采用永磁无刷 DC110 V 电动机。车门驱动电机如图 7-1 所示。

车门驱动电机受 EDCU 控制，在 EDCU 的控制下完成开/关门动作。EDCU 输出 PWM 信号稳定地控制电动机的转矩及速度，使车门的运动快速、平稳。开关门均具有二级缓冲功能，在接近全开或全关位置时转为低速，其余区段为高速运动。车门具有防夹功能，通过检测电机电流来判断。高、低速区段、正常开关门时间等参数可通过 EDCU 接口修改。

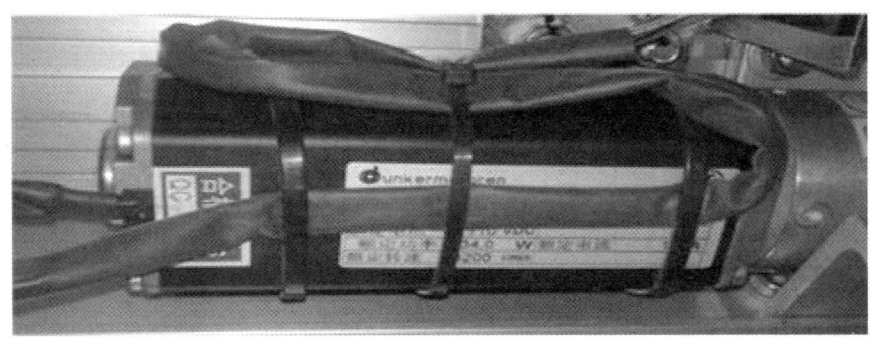

图 7-1 车门驱动电机

三、门关好/锁好行程开关

(一)门关好行程开关

门关好行程开关是"关门"检测装置,用于检测门是否处于关闭状态。两门页的动作具有对称性及同步性,通常在一个门页上设置门关好行程开关,可以检测到整个门页是否处于关闭状态。

门关好行程开关有两对触点,利用车门门页运动到位后碰撞行程开关,使其触头动作来实现接通或分断车门控制电路或传递车门状态信息。一对触点用于向列车安全回路传送信号,另一对触点向 EDCU 发送"门关好"信号。EDCU 收到该信号后,控制电机降低转速,以使车门在完全关闭前实现缓冲。当一对触点故障时,EDCU 收不到"门关好"信息,EDCU 将向列车诊断系统发出"车门故障"信息。

(二)门锁好行程开关

门锁好行程开关是"锁门"位置检测装置,用于检测车门处于"关闭并锁好"位置。门锁好行程开关具有与门关好行程开关相同的特性,同样带有两对触头。当其动作后,向 EDCU 送出车门已锁信号,同时向列车安全回路传送信号。

四、紧急解锁开关

(一)内部紧急解锁开关

在车辆内部,每个车门都设有一个可供乘客在紧急情况下使用的紧急解锁开关。紧急解锁开关一般安装于车辆内部车门顶部操纵机构上或车体内部靠近车门的地方。在紧急情况下,通过操作内部紧急解锁开关打开客室车门对乘客实施紧急疏散功能。内部紧急解锁开关如图 7-2 所示。

 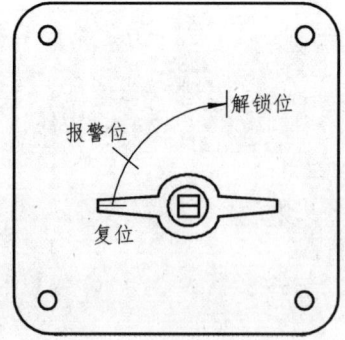 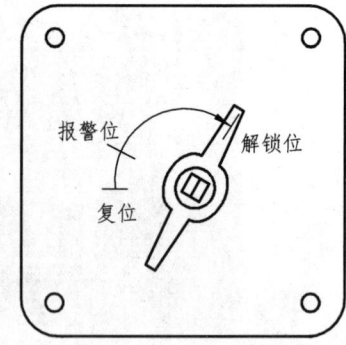

图 7-2 内部紧急解锁开关

紧急解锁开关的状态受 EDCU 监控。操作该装置将启动"门解锁"行程开关，车门解锁，同时发出"紧急解锁"信号。列车运行状态不同的情况下，操作该装置所得结果不同：① 列车静止时，车门可以手动打开；② 列车运行时，电机保持一定的维持电流，门页保持关闭状态。

（二）外部紧急解锁装置

每节车的两侧各设一套外部解锁装置，一般安装于侧墙外侧中部位置。外部紧急解锁装置原理与内部紧急解锁装置的类似，但需要用方孔钥匙操作。

五、门锁闭/切除开关

门锁闭/切除开关就是门隔离开关，门隔离开关如图 7-3 所示。

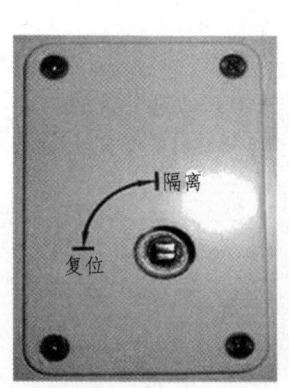 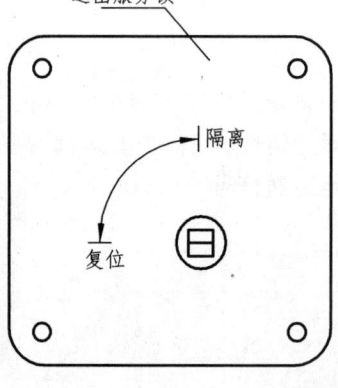 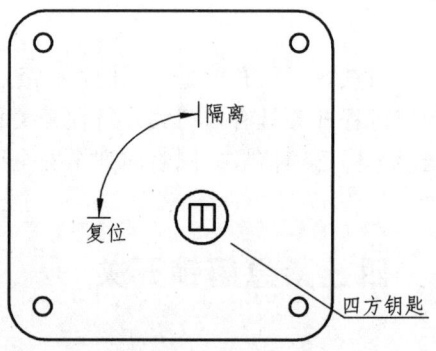

图 7-3 门隔离开关

在车辆运行过程中，当出现单个客室车门故障影响到列车运行时，可通过操作门锁闭/切除开关，把故障客室车门隔离，以使列车尽快恢复运行。

故障客室车门隔离后，被隔离客室车门实现电气隔离和机械隔离，它将脱离控制系统，不影响其他车门及其他系统的正常工作。同时，被隔离客室车门处于机械锁闭状态，不能被打开。

六、车门模式选择开关

车门模式选择开关用于选择客室车门开关门方式。车门模式选择开关如图 7-4 所示。

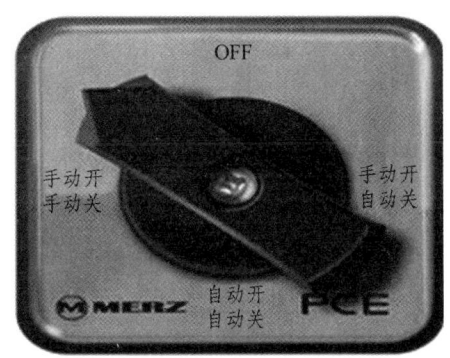

图 7-4　车门模式选择开关

车门模式选择开关一般有四个工作位：
① OFF 位；
② 手动开门/手动关门位；
③ 自动开门/自动关门位；
④ 自动开门/手动关门位。

在 ATP 被切除时，必须将车门模式选择开关置于 OFF 位；正线运行时，车门模式选择开关一般统一置于自动开门/手动关门位。车门的自动开/关门功能只能在 AM-CTC 模式下才能实现。

第二节　车门控制原理

城市轨道交通车辆对车门的控制主要通过操作司机室的左右侧墙上的开、关门按钮或司机台上的备用开、关门按钮来实现一侧所有车门的同时打开和关闭。从安全的角度考虑，开关车门必须具备一定条件，车门才能按照一定的方式打开或关闭。

一、开门条件

车门既可以在 ATO 模式下自动打开，也可以操纵开门按钮打开。在车门未切除、未紧急解锁的情况下，打开车门必须满足两个基本条件：
① 有门使能信号；
② 有"开门"指令。

（一）门使能信号

门使能信号即车门零速信号。当有门使能信号时，车门零速列车线（车门释放列车线）得电，表明列车开门的基本条件具备。EDCU 接收到门使能信号后，确认开门的安全条件具备，然后等待"开门"指令。

满足下列条件之一就可以获得门使能信号：

① ATP 正常时，列车静止且停在停车窗（列车在车站规定位置停车，列车停车位置与停车标相差正负 0.5 m 之内）内时，车载 ATP 给出门使能信号。

② ATP 通信故障、列车停在停车窗之外等时，列车静止的情况下，按下车门允许按钮，给出门使能信号。

③ 车载 ATP 故障切除时，只要列车处于静止状态，便可给出门使能信号。

④ 列车处于"洗车"模式时，给出门使能信号。

给出门使能信号后，开门灯亮，操作开门按钮进行开门作业。

（二）"开门"指令

"开门"指令可由司机室左右侧墙或驾驶台开关门按钮给出，或由车载 ATO 给出。具体由哪个设备给出，取决于车门模式选择开关的位置。

① 车门模式选择开关在"OFF"位时，由开关门按钮给出；

② 车门模式选择开关在"手动开门/手动关门"位时，车载 ATO 接收开/关门按钮状态信息，给出开/关门指令；

③ 车门模式选择开关在"自动开门/自动关门"位时，由车载 ATO 给出；

④ 车门模式选择开关在"自动开门/手动关门"位时，开门指令由车载 ATO 自动给出，车载 ATO 接收关门按钮状态信息，给出关门指令。

二、开门控制原理

（一）车门控制线

城市轨道交通车辆有三条车门控制线：

① 开门列车线；

② 关门列车线；

③ 车门释放列车线（车门零速列车线）。

给出"开门"指令时，开门列车线有效；给出"关门"指令时，关门列车线有效；给出门使能信号时，车门释放列车线有效。EDCU 根据三条车门控制线的状态来实现对车门电机的控制。常用车门控制逻辑如表 7-1 所示。

表 7-1 常用车门控制逻辑表

车门释放列车线	开门列车线	关门列车线	门的状态
0	0	0	保持
0	0	1	保持
0	1	1	保持
0	1	0	保持
1	0	0	保持
1	0	1	关
1	1	1	保持
1	1	0	开

（二）车门状态指示

由门关好指示灯、关门按钮灯、开门按钮灯显示车门状态。
① 车门释放列车线有效时，开门按钮灯亮；
② 门打开后，关门按钮灯亮；
③ 所有门都关好后，门关好指示灯亮，关门灯灭。

（三）开门控制原理

正常情况下（车载 ATP 正常），由车载 ATP 给出门使能信号，由司机操作开门按钮或 ATO 给出开门指令。门使能信号和开门指令分别由车门释放列车线和开门列车线传递给 EDCU，EDCU 根据接收到的指令控制车门电机，完成开门动作。

开门控制原理逻辑框图如图 7-5 所示。

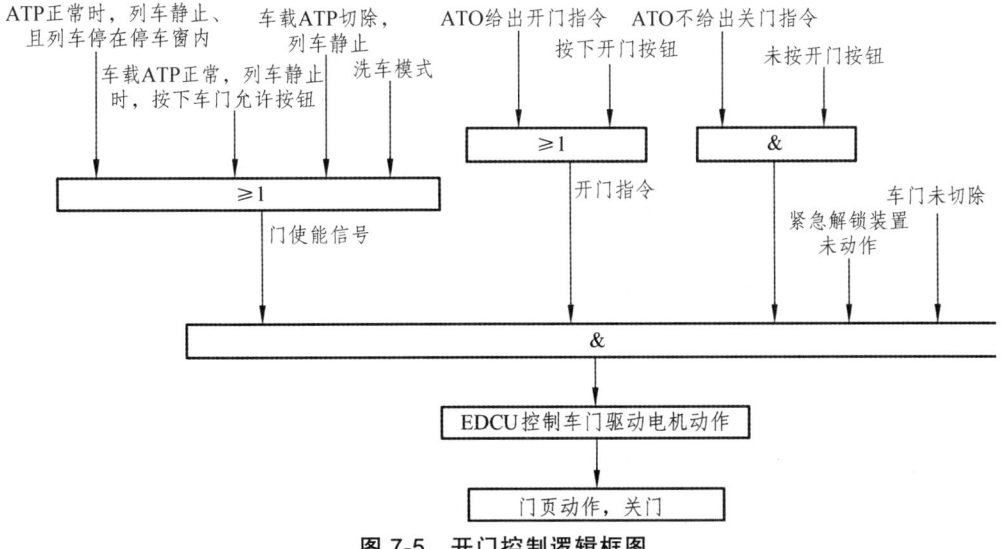

图 7-5 开门控制逻辑框图

第三节 开关门控制电路

一、开门指令控制电路

开门指令控制电路如图 7-6 所示。

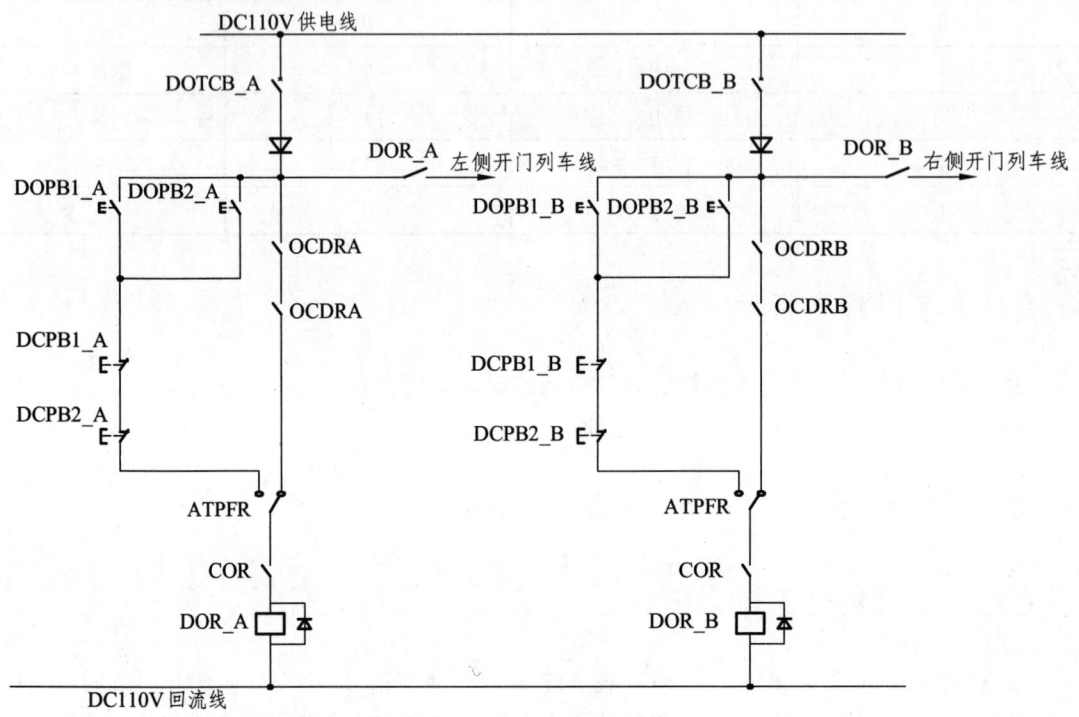

图 7-6 开门指令控制电路

DOTCB—开门列车线断路器；OCDR_A—ATO 控制开/关门继电器（左侧）(ATO 给出开门指令后得电)；DOPB_A—左侧开门按钮；DCPB_A—左侧关门按钮；DOPB_B—右侧开门按钮；DCPB_B—右侧关门按钮；COR—司机室占用继电器（钥匙开关打开后得电）；ATPFR—ATP 故障切除继电器（车载 ATP/ATO 系统切除后得电）；DOR—开门继电器

如图 7-6 所示，要使开门列车线有效，开门继电器（DOR）必须得电。左右侧开门情况一样，下面以开左侧门为例介绍。

DOR 线圈供电线路有两条：

① DC110 V 电源输入→DOTCB→OCDR_A→ATPFR→COR→DOR 线圈；

② DC110 V 电源输入→DOTCB→DOPB 常开触头→DCPB 常闭触头→ATPFR→COR→DOR 线圈。

当车载 ATP/ATO 设备正常时，ATO 输出高电平使 OCDR_A 得电，从而使 DOR 得电，开门列车线有效；当车载 ATP/ATO 被切除时，通过按下开门按钮直接接通 DOR 线圈供电线路，使开门列车线有效。

二、关门指令控制电路

关门指令控制电路如图 7-7 所示。

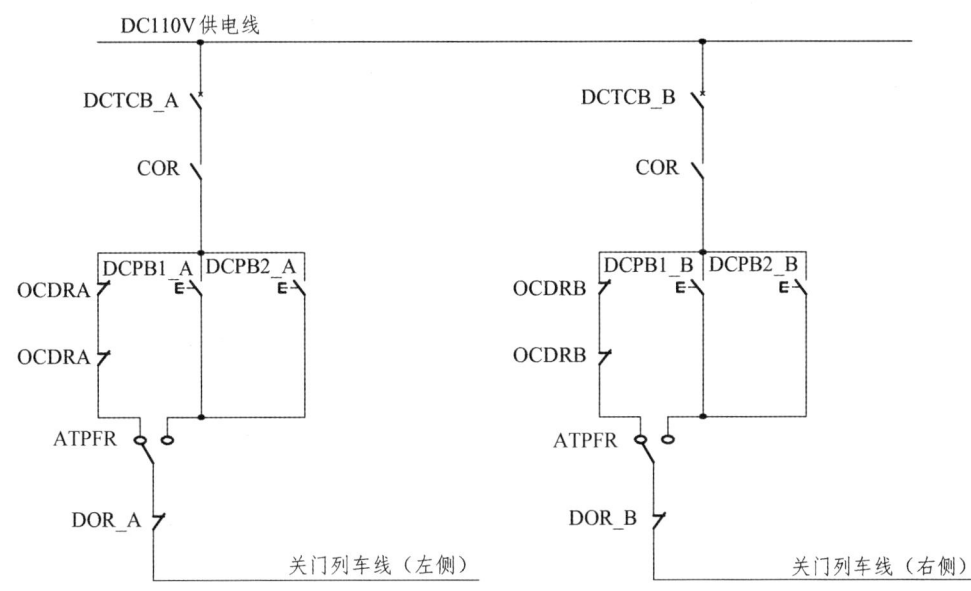

图 7-7 关门指令控制电路
DCTCB—关门列车线断路器；DOR—开门继电器

如图 7-7 所示，关门列车线输出高电平（关门列车线有效）有两条供电线路：

① DC110 V 电源输入→DCTCB→COR→OCDR_A→ATPFR→关门列车线；

② DC110 V 电源输入→DCTCB→COR→DCPB→关门列车线。

当车载 ATP/ATO 设备正常时，ATO 输出低电平使 OCDR_A 失电，关门列车线有效；当车载 ATP/ATO 被切除时，按下关门按钮使关门列车线有效。

三、门使能控制电路

门使能信号即开门授权信号，下面根据电路介绍开门需要具备的条件。门使能控制电路如图 7-8 所示。

根据门使能控制电路可知，使车门零速列车线出现高电平（车门零速列车线有效）有两条供电电路：

① DC110 V 电源→DRTCB→ZVR 常开触头→ATPFR 常开触头→零速列车线。

车门零速列车线控制电路正常（DRTCB 保持闭合）的情况下，切除车载 ATP/ATO 控制单元后，只要列车处于静止状态，车门零速列车线就得电。

② DC110 V 电源→DRTCB→DRR 常开触头→车门零速列车线。

车门零速列车线控制电路正常（DRTCB 保持闭合）的情况下，门释放继电器（DRR）得电，零速列车线就得电。

门释放继电器（DRR）供电线路有：

① DC110 V 电源→DRCB→WMR 常开触头→DRR 线圈；

② DC110 V 电源→DRCB→OBCU→DRR 线圈。

根据门释放继电器（DRR）供电线路可知，门释放继电器（DRR）得电的情况有两种：

列车处于洗车模式时，DRR线圈得电；OBCU根据列车状态给出高电平，使DRR线圈得电。

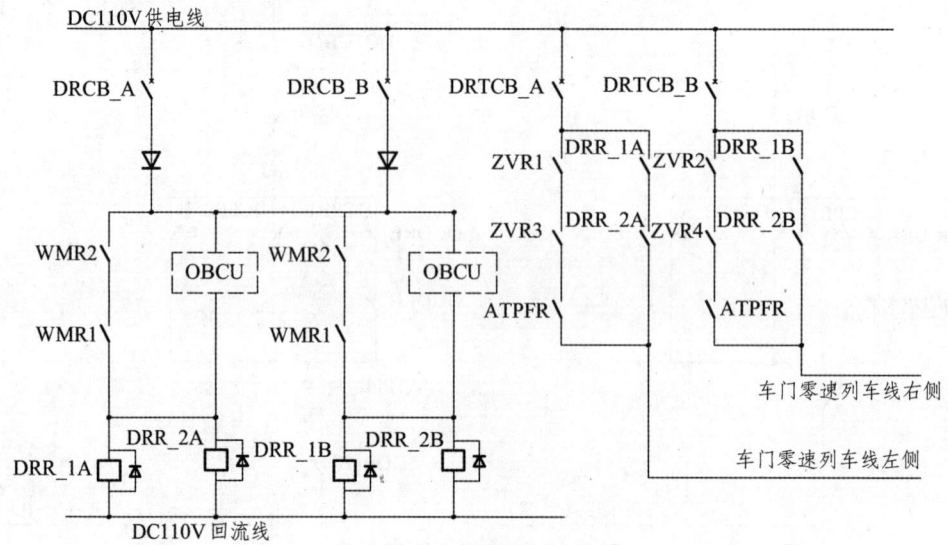

图 7-8　门使能控制电路

DRCB—车门释放断路器；DRTCB—车门释放列车线断路器；WMR—洗车模式继电器（洗车模式时得电）；OBCU—车载控制单元（车载ATP/ATO控制单元）；DRR—车门释放继电器；ZVR—零速继电器（列车静止（列车速度≤3 km/h）得电）

归纳起来，车门零速列车线得电有三种不同的情况：
① 车载ATP/ATO控制单元被切除时，列车处于静止状态；
② 列车处于洗车模式；
③ OBCU根据列车状态给出高电平。

四、EDCU控制电路

EDCU是车门控制中心，它接收指令控制车门电机，监控车门状态，向TCMS发送信息。EDCU控制电路如图7-9所示。

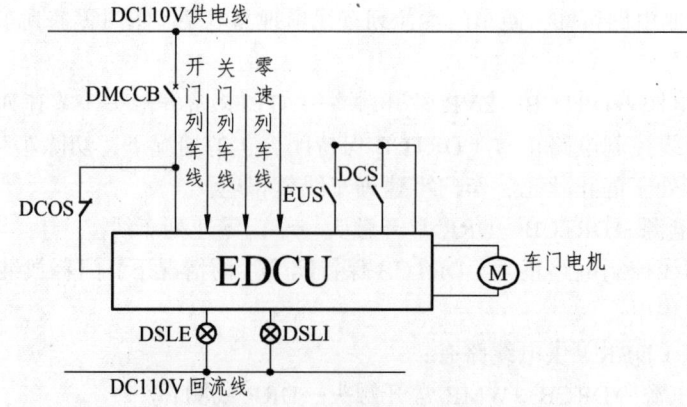

图 7-9　EDCU控制电路

DMCCB—车门电机控制断路器；EDCU—电子门控单元；DCOS—门锁好/切除开关（门隔离开关）；EUS—紧急解锁开关；DCS—门关好行程开关；DSLE—车门状态指示灯（外部）；DSLI—车门状态指示灯（内部）

EDCU 由 DC110 V 电源供电，EDCU 接收车门零速列车线、开门列车线、关门列车线的信息，监控车门解锁/切除、紧急解锁开关、门关好行程开关的状态，综合以上所有信息控制车门电机、车门状态指示灯的状态。

五、开关门控制框图

为了更清晰地了解开关门过程的工作原理，这里给出开关门控制框图，以便于理解。开关门控制框图如图 7-10 所示。

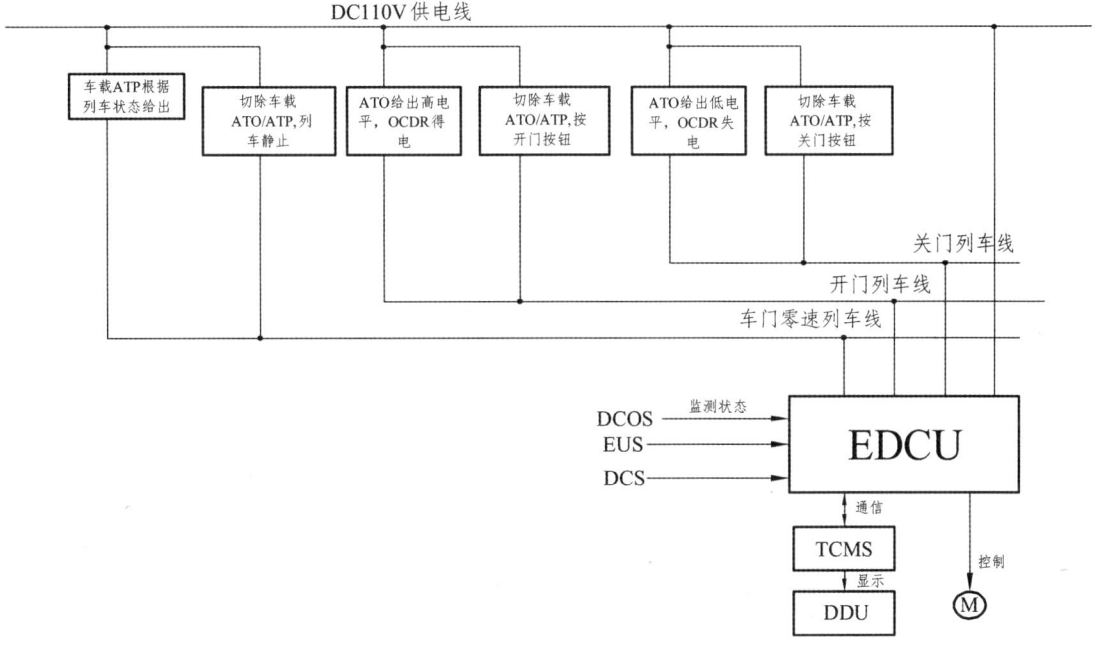

图 7-10 开关门控制框图

六、开门过程

城市轨道交通车辆车门通过操作司机室的左右侧墙上的开、关门按钮或司机台上的备用开、关门按钮对一侧所有车门进行集中开、关门控制。只有在有零速信号的情况下，车门才能开启。开门过程如图 7-11 所示。

七、关门过程

车门零速列车线有效时，由 ATO 或按压关门按钮给出关门指令，执行关门操作。当车门零速列车线无效时，打开的车门将自动关闭。关门过程如图 7-12 所示。

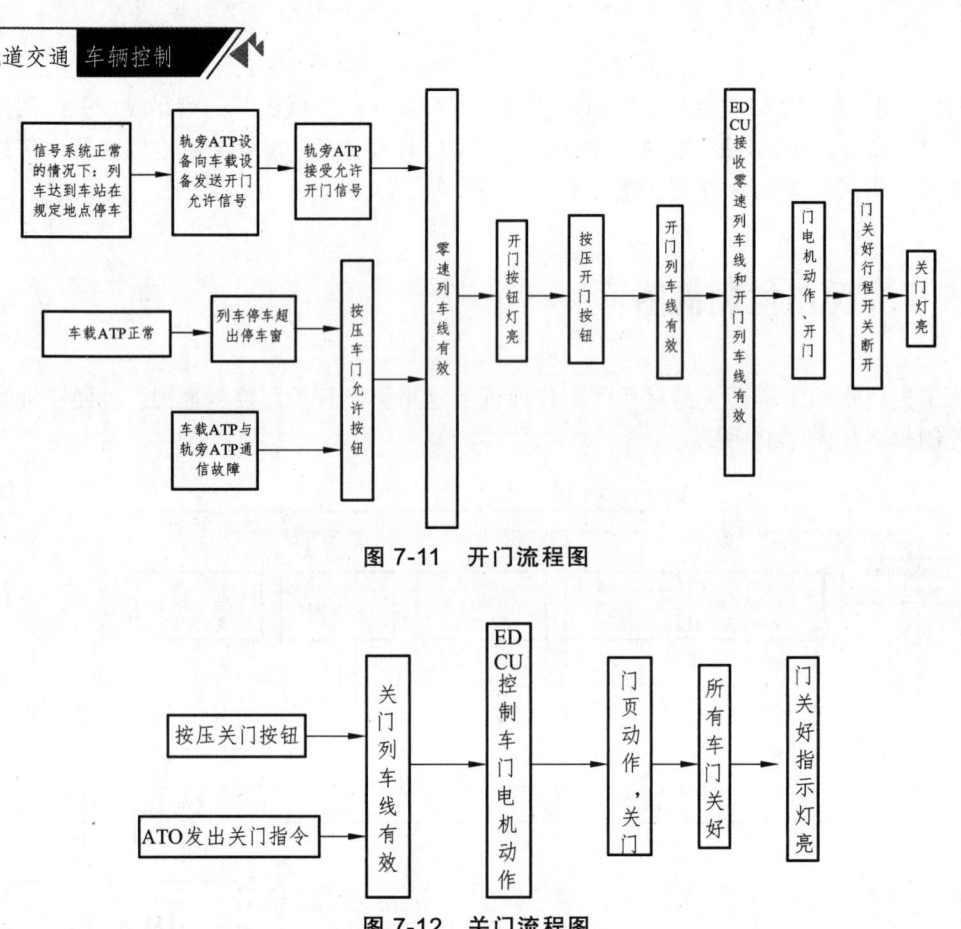

图 7-11 开门流程图

图 7-12 关门流程图

第四节 车门安全回路

列车运行过程中全部车门正常关好锁闭,才能确保行车安全。为了确定车门是否处于完全关好锁闭状态,将同侧所有车门的门关好行程开关的常闭触点串联,形成关门安全联锁电路,并将两侧列车的关门安全联锁电路串联构成环路,即车门安全回路。车门安全回路接通后,司机室门关好指示灯亮,列车方可启动。只要检测到有一个车门没有正确关好锁闭,列车将无法启动。在运行过程中,如果有乘客将紧急解锁手柄拉下,车门安全回路断开,列车将可能触发紧急制动并停车。

一、车门安全回路

车门位置状态信息由车门关好行程开关检测,将整列车所有车门关好行程开关、紧急解锁开关的触点串联起来,形成车门安全回路,根据车门安全回路的状态就可知道车门状态。车门安全回路如图 7-13 所示。

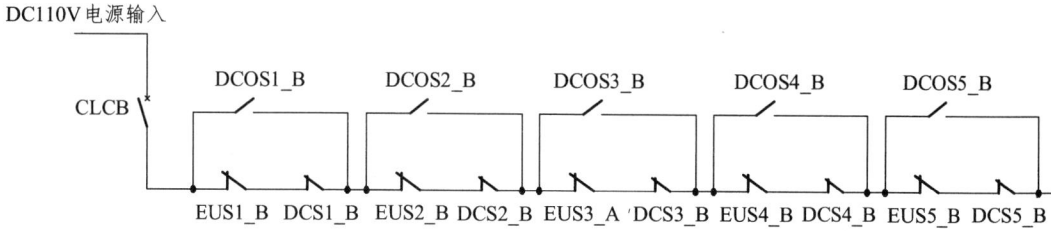
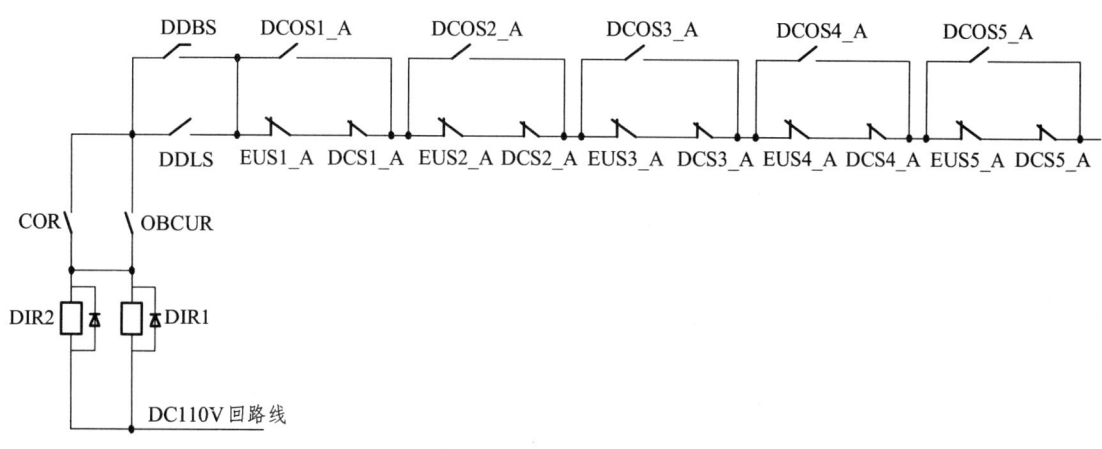

图 7-13　车门安全回路

CLCB—车门关好/锁好电路断路器；DCOS—车门锁闭/切除开关（门隔离开关）；EUS—紧急解锁开关；
DCS—车门关好行程开关；DIR—门联锁继电器；COR—司机室占有继电器；OBCUR—车载控制单元继电器；
DDLS—紧急逃生门行程开关；DDBS—紧急逃生门旁路开关

（一）所有车门关好，DIR 正常得电

控制电路从电源输入端到电源回流端主要经过了 CLCB、所有 EUS 常闭触头、所有 DCS 常闭触头、DDLS 常开触头、COR/OBCU 常开触头、DIR 线圈。

CLCB 保护联锁控制电路，EUS 常闭触头闭合表示车门未执行紧急解锁；DCS 常闭触头闭合表示车门关好；DDLS 触头闭合表示紧急逃生门关好；司机室激活 COR 常开触头闭合。对激活端而言，在所有车门已经关好、紧急解锁开关均未动作、紧急逃生门关好的情况下，DIR 将会正常得电。DIR 得电后，将车门正常关好的信息提供给其他设备或系统。

DIR 正常得电逻辑为：

$$\text{DC110V电源} \cdot \text{CLCB} \cdot \overline{\text{EUS}} \cdot \overline{\text{DCS}} \cdot \text{DDLS} \cdot (\text{COR}+\text{OBCU}) \cdot \boxed{\text{DIR}} \cdot \text{DC110V回流}$$

（二）车门切除，DIR 得电

操作车门的 DCOS，车门被切除，对应车门的 DCS 和 EUS 的常开触头被短接，联锁控制电路跳过此车门关好行程开关和紧急解锁开关的触头。车门被切除后，此车门不再受监控。车门被切除的同时，车门将被机械锁闭，电气隔离，始终保持关闭状态。

车门切除，DIR 得电逻辑为：

$$\text{DC110V电源} \cdot \text{CLCB} \cdot \text{DCOS}(\text{某一节车}) \cdot \text{DDLS} \cdot (\text{COR}+\text{BOCU}) \cdot \boxed{\text{DIR}} \cdot \text{DC110V回流}$$

(三) 车门紧急解锁，DIR 失电

如图 7-13 所示，车门安全回路将同侧所有车门的紧急解锁装置的触头串联起来。当某一个车门的紧急解锁装置被操作时，接入车门安全回路的紧急解锁装置触头断开，车门安全回路被切断，DIR 失电。

(四) 车门打开，DIR 失电

车门安全回路将同侧所有车门的门关好行程开关的触头串联起来。当某一个车门未关好时，门关好行程开关触头断开，车门安全回路被切断，DIR 失电。

二、车门安全回路对列车的影响

(一) 车门安全回路对车载 ATP 系统的影响

① 当列车运行速度大于 0 小于 3 km/h 时，如果车门安全回路断开，则 DIR 失电。车载 ATP 系统接收到 DIR 失电信息后，将对列车施加紧急制动。

② 当列车运行速度高于 3 km/h、零速信号失效时，车载 ATP 系统即使接收到 DIR 失电信息后，列车依然能正常运行，不施加紧急制动。

(二) 车门安全回路对牵引指令的影响

牵引指令既可以通过硬线的方式给出，也可以由车载 ATP/ATO 系统给出。不论哪种方式给出牵引指令，为了保证安全，在车门未关好之前不允许牵引，不给出牵引指令。

① 当列车处于静止状态时，只有 DIR 得电，也就是在所有车门正常关闭的情况下，列车才会给出牵引指令。

② 当列车运行速度高于 3 km/h、零速信号失效时，牵引指令与车门安全回路状态无关。当有车门打开时，车门安全回路断开，DIR 失电，列车仍然可以正常牵引。

(三) 车门安全回路对门关好指示灯的影响

当车门安全回路接通、DIR 得电时，门关好指示灯绿灯亮，表示所有车门已经正常关闭。
当车门安全回路断开、DIR 失电时，门关好指示灯熄灭，表示有车门未正常关闭。

第五节 非正常情况下车门的控制

城市轨道交通车辆运行过程中，车门会出现单个车门无法正常打开、车门无法正常锁闭等问题，影响列车安全运行。

车门常会出现以下几种状况：
① 单个车门故障，需要切除；
② 车门正常关闭，但车门安全回路无法接通；
③ 某一个车门被紧急解锁；
④ 车门无法正常打开，需要紧急解锁开门。

一、车门的切除

当单个车门故障时，为了不影响列车的运行，通过专用钥匙将故障车门进行隔离称为车门的切除。

如果由于个别车门因为机械或电气故障而要求单独退出服务时，首先保证该门处于关闭状态下，被授权人员才可以用专用钥匙（四方钥匙）打开罩板并转动位于门板总成（左）上的隔离锁组成，使驱动机构组成机械锁闭，并同时触发隔离锁行程开关，提供该车门被隔离锁闭信号，进而隔离该车门电路，使该车门退出服务而其他门不受其影响。

车门切除后出现的情况有以下几点：
① 被切除的车门不再受开/关门指令控制。
② 被切除的车门将一直保持闭合机械锁闭状态。
③ 紧急解锁装置不能打开车门。
④ 被切除车门的门关好行程开关和紧急解锁开关的触头被门锁闭/切除开关短路。门关好行程开关和紧急解锁开关的触头状态不影响安全回路。
⑤ EDCU 会接收到车门切除的相关信息，并传输给 TCMS 系统和车载 ATP 系统。
⑥ 车辆显示屏（DDU）将显示车门切除信息。
车门切除工作框图如图 7-14 所示。

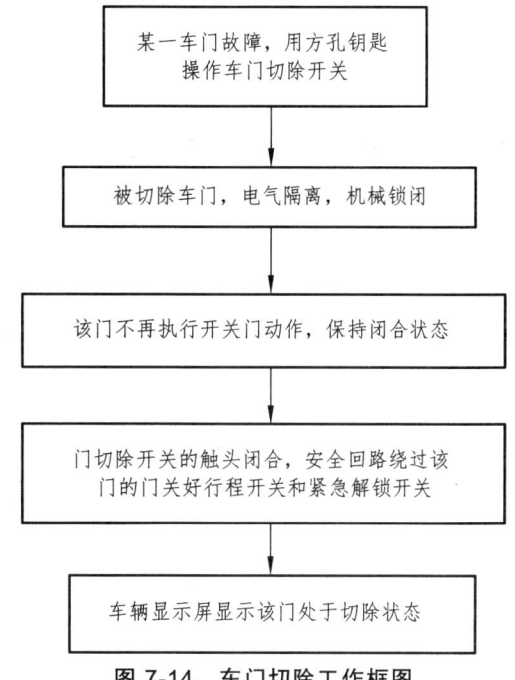

图 7-14　车门切除工作框图

二、车门内外部紧急解锁

车门紧急解锁分为内部紧急解锁和外部紧急解锁。客室内部每侧车门一般设置 2 套可在客室内操作的车门紧急解锁装置；每辆车外部每侧设置 1 个车门紧急解锁开关。

紧急情况下，乘客可以拉开内部紧急解锁装置面罩，通过顺时针转动手柄来操作车门系统的内部紧急解锁装置，进行内部紧急解锁。同时，司机也可以通过操作外部紧急解锁装置对车门进行紧急解锁，然后打开车门。使用外部紧急解锁时，必须先使用专用的四方钥匙打开手柄，然后操作车门。

不论是外部紧急解锁还是内部紧急解锁，都会出现以下几种情况：

① 当有门使能信号时，电机断电，门可自由开启，此时手动开门力为车门的机械阻力。

② 当没有门使能信号时，电机保持一定的维持电流，此时需要克服电机的阻力（阻力＞200 N），车门无法正常打开。

③ 当有门使能信号时，车门安全回路断开，列车施加紧急制动。

④ 当没有门使能信号时，列车不施加紧急制动，正常运行。

⑤ EDCU 接收到车门紧急解锁的相关信息，并传输给车载 ATP 系统和 TCMS 系统。

⑥ 车辆显示屏（DDU）将显示车门紧急解锁信息。

三、车门旁路

由于车门限位开关故障或车门故障造成车门联锁环路中断，关门灯不亮，列车无法获得牵引授权时以及 ATP 系统检测车门状态未关好时，需要对车门进行旁路。车门旁路分为两种：旁路安全回路对牵引授权的影响和旁路 ATP 系统对车门的监控。

一般而言，车门牵引授权旁路与 ATP 对车门监控旁路同时进行，由一个车门旁路开关完成。操作车门旁路开关后，会出现以下几种情况：

① 车门安全回路的状态不影响牵引授权指令的获得。

② ATP 系统不再对车门系统进行监控。

③ 车门可以正常开关。

课后练习题

1. 车门系统的主要部件有哪些？
2. EDCU 的主要功能是什么？
3. 车门模式选择开关有哪几个工作位置？
4. 开门的基本条件是什么？
5. 城市轨道交通车辆有哪几条重要的车门控制线？
6. 哪些情况下门使能信号有效？
7. 简述列车开关门的过程。
8. 车门安全回路断开会对列车产生什么影响？
9. 车门切除后会出现哪些情况？
10. 分析不同情况下车门紧急解锁后会出现的结果。
11. 车门旁路和车门紧急解锁的目的有什么不同？

第八章 车载 ATP/ATO 系统

城市轨道交通列车自动控制系统（ATC）主要由列车自动监控系统（ATS）、列车自动保护系统（ATP）和列车自动运行系统（ATO）组成。列车自动监控系统（ATS）的大部分设备位于运营控制中心、车站控制室等处。列车自动保护系统（ATP）设备主要分布于轨旁或安装于列车上，即轨旁 ATP 设备和车载 ATP 设备。轨旁 ATP 设备根据联锁、轨道空闲检测系统和应用的数据形成驾驶指令，传输至车载 ATP 设备。车载 ATP 设备则通过此数据计算现有位置的列车允许速度和制动力。列车自动运行系统（ATO）设备主要安装于列车上，控制列车实现自动驾驶、自动折返、自动开门等功能。车载 ATP 设备与 ATO 设备一般集中安装于车上，即车载 ATP/ATO 系统。

目前，城市轨道交通车辆广泛使用基于无线通信的列车自动控制系统。本章以基于无线通信的列车自动控制系统为例，阐述车载 ATP/ATO 系统的相关知识，重点介绍车载 ATP/ATO 系统与车辆控制系统的接口功能。

第一节 车载 ATP/ATO 系统概述

一、车载 ATP/ATO 系统的功能

车载 ATP/ATO 系统是列车自动控制系统的重要组成部分。它并不是独立的一套系统，与运营控制中心、车站、轨旁列车自动控制系统设备有着千丝万缕的联系。它在完成列车自动控制系统功能的同时还与车辆控制系统存在接口，完成牵引、紧急制动、车门控制等功能。

车载 ATP/ATO 系统的功能主要有两点：
① 车辆控制系统接口功能，如施加制动和牵引功能、车门控制功能。
② 信号系统功能：确定列车位置、速度和方向，确定实际控制级别、实际驾驶模式，处理移动授权，通过 HMI 提供给司机驾驶指令和信息等。

二、车载 ATP/ATO 系统的组成

车载 ATP/ATO 系统设备一般位于 A 车，每列车包括两套车载 ATP/ATO 系统设备，两套车载设备互为冗余。每套车载 ATP/ATO 系统包括车载控制单元、HMI（MMI）、OPG 速度脉冲发生器、应答器天线、雷达、无线天线等设备。

车载 ATP/ATO 系统组成框图如图 8-1 所示。

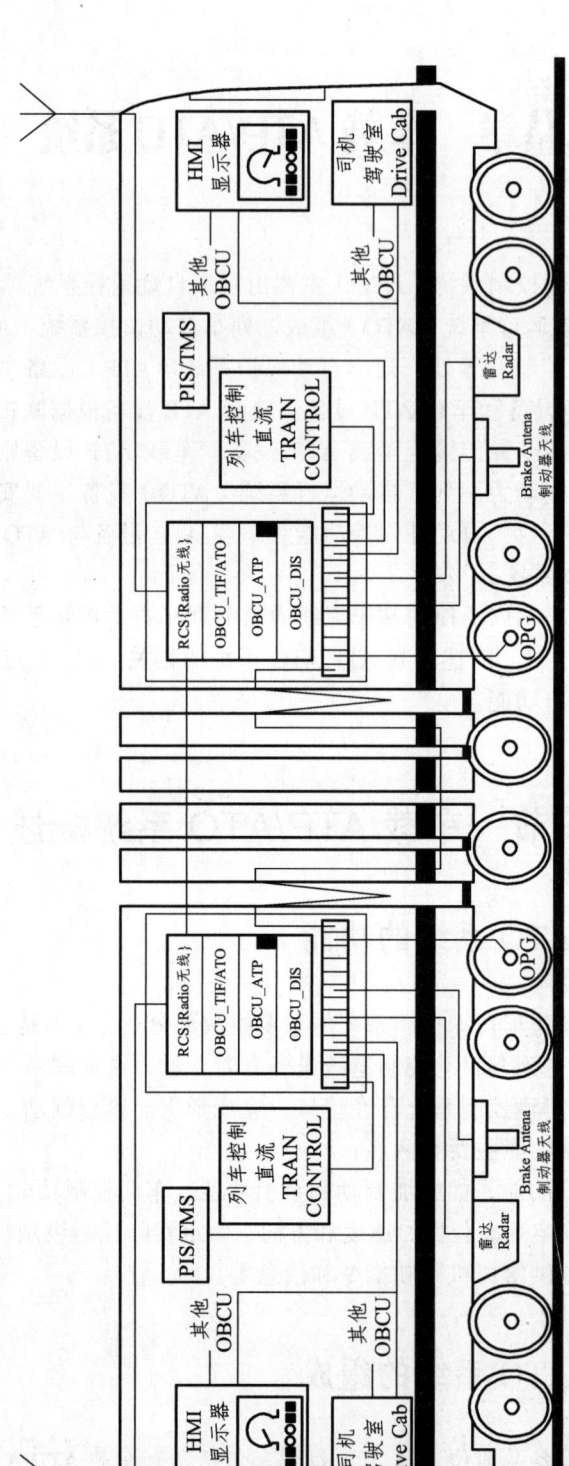

图 8-1 车载 ATP/ATO 系统框图

OBCU—车载控制单元（车载 ATP/ATO 机柜）；RCS—无线通信系统；HMI—人机界面

1. 车载控制单元

车载控制单元（OBCU）是车载 ATP/ATO 系统的主处理器，由四部分组成，即车载 ATP、车载 ATO、车载接口 ITF 和带有附加单元（如电源）的车载分线架 DIS。

2. HMI

HMI（人机界面，Human Machine Interface）是车载 ATP/ATO 系统的显示器，主要任务是显示信息接口接收到的各种信息并向驾驶员提供显示和提示。HMI 主要显示目标速度、目标距离、运行速度、推荐速度、ATO 模式时的牵引/制动状态、最高可用模式等级、车载 ATP/ATO 系统状态、车门释放信息、车门控制模式等信息。HMI 如图 8-2 所示。

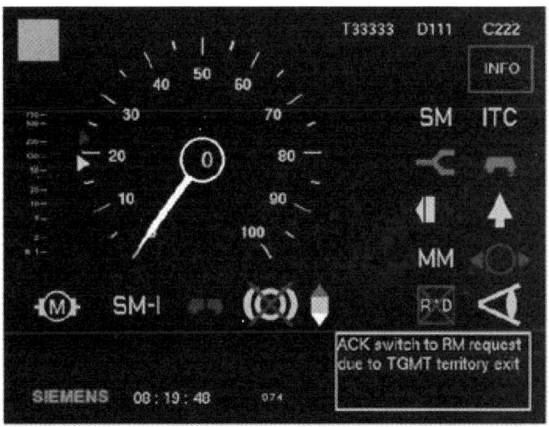

图 8-2　HMI

3. OPG 速度脉冲发生器

安装在每端 A 车二轴右侧，用于检测车轴旋转速度与旋转方向。

4. 应答器天线

应答器天线安装在车辆底部，在车辆和轨旁设备之间发送数据。

5. 雷达

雷达单元根据多普勒雷达原理工作，提供车辆的进路位置和速度信号。OBCU 通过结合雷达传感器的数据和 OPG 的数据来确定列车的安全速度及相对走行距离。与速度传感器相比，雷达更侧重于高速的检测。

6. 无线天线

无线天线用于车—地之间定位信息、移动授权等信息传递及服务信息的传输。

三、车载 ATP/ATO 系统与车辆的接口

车载 ATP/ATO 系统为了实现车辆的监控保护、紧急制动施加、自动驾驶、车门控制等功能，与车辆间存在多种接口，它们被用于数字量输入输出、模拟量的输出及总线通信等。车载 ATP/ATO 系统收集按钮开关输入的数字量信号，输出数字量控制信号。自动驾驶时，输出模拟量信号，给定牵引/制动参考值。车载 ATP/ATO 系统还通过总线与制动系统、列车监控系统等通信，传递状态、控制等信息。车载 ATP/ATO 系统与车辆间的接口框图如图 8-3 所示。

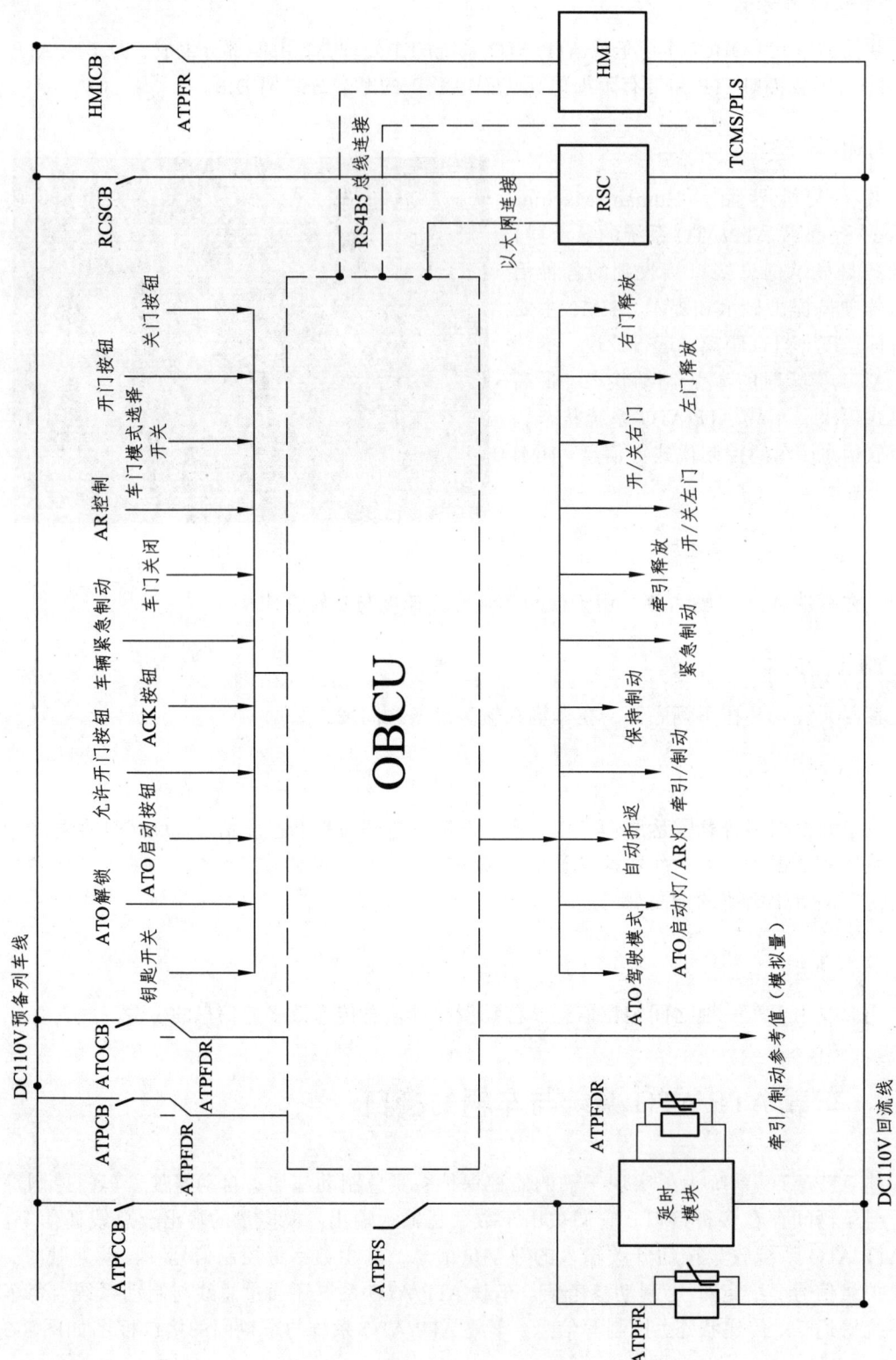

图 8-3 车载 ATP/ATO 系统与车辆的接口框图

图中缩写的意义如表 8-1 所示。

表 8-1 车载 ATP/ATO 系统与车辆的接口框图中的英文缩写说明

缩写	名 称	缩写	名 称
ATPCCB	ATP 控制断路器	ATPCB	ATP 断路器
ATOCB	ATO 断路器	RCSCB	无线通信系统断路器
HMICB	HMI 断路器	ATPFR	ATP 故障继电器
ATPFS	ATP 故障切除开关	ATPFDR	ATP 故障延时继电器

OBCU、RCS、HMI 由 DC110 V 预备列车线供电，分别由 ATOCB、ATPCB、RCSCB、HMICB 进行保护。

OBCU 会接收钥匙开关动作信息、ATO 解锁信息（模式开关在"ATO"位给出）、ATO 启动按钮信息、AR 按钮信息、允许开门按钮动作信息、开关门按钮动作信息、车门模式选择开关位置信息，读取车辆施加紧急制动的状态信息、车门关闭指示信号。以上所有信号都以数字量的形式输入 OBCU。

OBCU 综合相关信息，输出 ATO 驾驶模式信号、牵引状态信号、制动状态信号、自动折返信号、制动保持信号、施加紧急制动、牵引释放信号、左/右门释放信号、开关左/右门信号、牵引/制动参考值信号。以上信号除牵引/制动参考值信号外其他所有信号均以数字量的形式输出。其中，ATO 驾驶模式信号、牵引状态信号、制动状态信号、牵引/制动参考值信号在 ATO 驾驶模式时，提供给牵引制动控制单元，完成列车自动运行的控制。制动保持信号用于 ATO 驾驶模式时给制动控制单元提供列车静止时仍然应用制动的命令，防止列车停稳状态时的无意识的列车移动。施加紧急制动是 OBCU 最重要的输出信号，在保证列车安全运行条件达不到的情况下，OBCU 输出施加紧急制动信号，触发列车施加紧急制动，保证列车运行安全。

OBCU 分别通过以太网和 RS485 与 RCS 和 HMI/TCMS 通信，接收和传递信息。

第二节 车载 ATP/ATO 系统的控制

一、车载 ATP/ATO 系统的冗余配置

城市轨道交通车辆整列车配置两套车载 ATP/ATO 系统设备，两端司机室各配置一套，互为冗余。列车正常运行时，列车受前端司机室车载 ATP/ATO 系统的控制监督。后端车载 ATP/ATO 系统处于热备模式（接收所有输入，可随时接管工作，控制列车运行）。在发生故障时，控制功能被切换到另一台 OBCU。之前工作的 OBCU 进入备用模式。

列车正常运行时，两端 OBCU 都接收两个司机室所有按钮、开关和接点的输入信息。同时，两端 OBCU 互连。如果 OBCU 检测到内部故障，将切断其安全输出，切换到另一台 OBCU，列车以同样的运行模式继续运行。

车载 ATP/ATO 系统的冗余配置框图如图 8-4 所示。

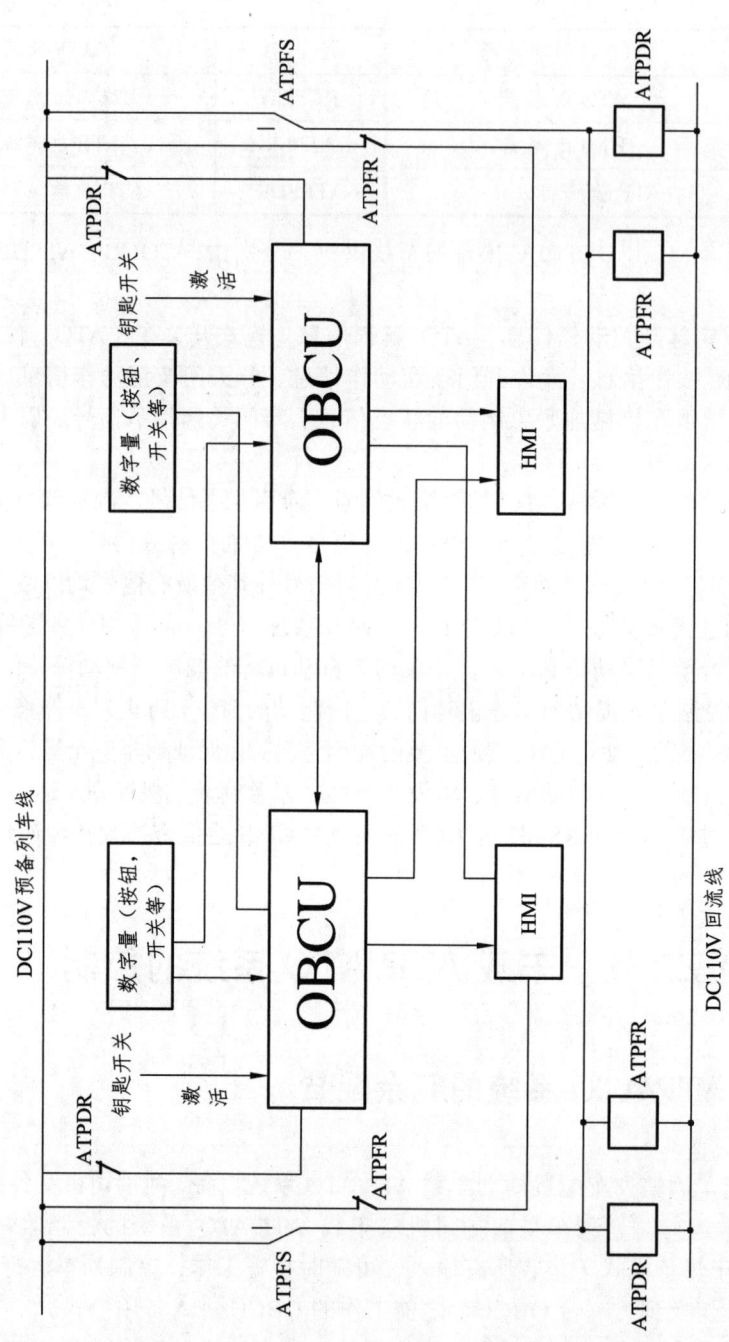

图 8-4 车载 ATP/ATO 系统的冗余配置框图

二、车载 ATP/ATO 系统的激活

列车激活后，DC110 V 预备列车线为 OBCU 供电，两端 OBCU 均开始启动，并开始自检。OBCU 启动自检完成后，OBCU 接收所有状态信息的输入，但不输出安全信息，两台 OBCU 均处于热备模式，同时等待司机室激活信号（钥匙开关打开）的输入。一旦某一端司机室激活，相应端 OBCU 激活。激活 OBCU 在接收输入信息的同时进行控制和 ATP 监督保护。此时，OBCU 激活端的 HMI 也相应激活，另一个 HMI 则为被动接受模式。被动 HMI 不会显示数据，其屏幕保持关闭。

车载 ATP/ATO 系统激活过程如图 8-5 所示。

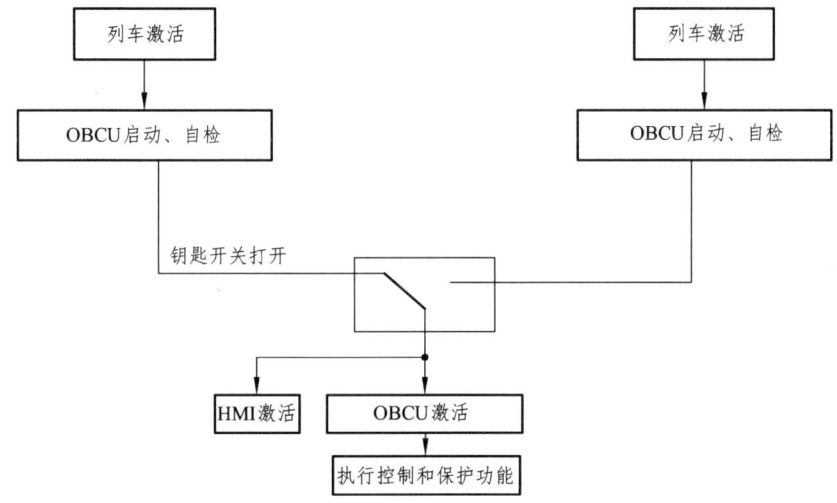

图 8-5　车载 ATP/ATO 系统激活过程

三、自动驾驶模式（AM）的启动

当信号系统控制级别在 ITC 及以上时，列车可以将驾驶模式转换到 AM（自动驾驶模式），进行自动驾驶。信号系统控制级别在 ITC 及以上时，在车门已关好的情况下，将主控制手柄回零位，模式选择开关转换到"ATO"位（模式选择开关在 ATO 位时，OBCU 将接收到"ATO 解锁"信号）后，ATO 启动按钮闪烁。闪烁的灯光表明系统已经准备好进入自动驾驶状态。司机按压 ATO 启动按钮后，列车进入自动驾驶模式。

自动驾驶模式（AM）启动过程如图 8-6 所示。

四、自动折返控制

当自动折返的前提条件得到满足并且列车也准备进行自动折返时，自动折返按钮内置灯泡开始闪烁。司机按压自动折返按钮后，列车进入自动折返状态。同时，OBCU 会接收到自动折返按钮动作信息，输出高电平使自动折返继电器得电。自动折返继电器得电后，触头动

作，短接钥匙开关触头。此时，钥匙开关断开，对应的司机室依然保持在激活状态。

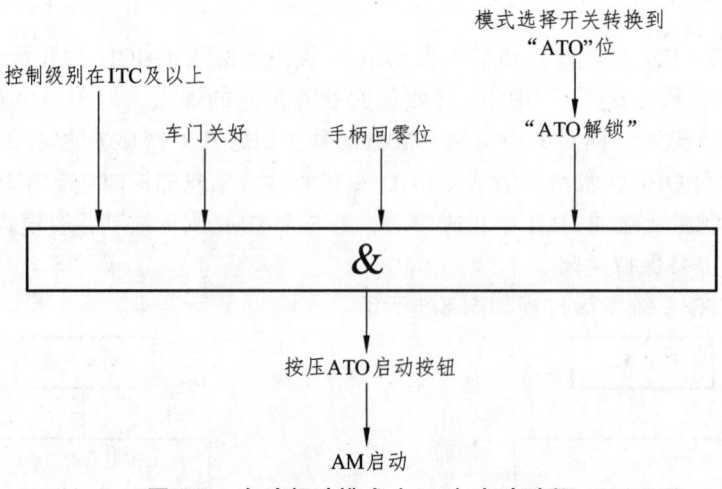

图 8-6　自动驾驶模式（AM）启动过程

五、车载 ATP/ATO 系统故障切除

当车载 ATP 设备出现了完全的故障时，列车将产生 ATP 不可恢复的紧急制动。此时，必须操作 ATP 故障切除开关（ATPFS），切除车载 ATP/ATO 系统。

对照图 8-3，操作 ATPFS 后，ATP 故障切除继电器（ATPFR）和 ATP 故障切除延时继电器（ATPFDR）同时得电。ATPFR 的常闭触头断开，HMI 电源切断。ATPFDR 的常闭触头延时断开，车载 ATO 和车载 ATP 的电压延时切断。操作 ATPFS 后，两端车载 ATP/ATO 系统将同时被切除。

车载 ATP/ATO 系统被切除后，不再提供紧急制动、牵引、车门控制等功能。

第三节　车载 ATP/ATO 系统与车辆控制系统的关系

车载 ATP/ATO 系统除了完成信号系统基本功能外，还与列车牵引系统、制动系统、车门控制系统以及列车广播对讲系统存在接口关系，监督和控制它们完成一些功能。

一、车载 ATP/ATO 系统与牵引系统的关系

车载 ATP/ATO 系统与牵引系统的关系主要体现在两个方面：牵引时，提供牵引解锁信号，从而使牵引控制单元获得牵引授权指令；自动驾驶时，给出牵引/制动/惰行指令、牵引/制动参考值信号，控制列车自动运行。

（一）牵引解锁

为了保证列车在安全情况下启动，车载 ATP 在接收到移动授权、车门安全回路闭合、车辆紧急制动未施加等信息后，给出牵引解锁信号，允许牵引。在车载 ATP 给出牵引解锁信号、所有停放制动缓解的情况下，牵引授权指令有效。

（二）自动驾驶

列车启动自动驾驶模式后，列车进入自动运行状态。车载 ATO 将输出 3 个数字量和 1 个模拟量。数字量信号是 ATO 模式、牵引命令和制动命令，模拟量信号是牵引/制动参考值。

数字量信号提供给牵引控制单元和制动微机控制单元。牵引控制单元和制动微机控制单元根据车载 ATO 提供的信号进行牵引/制动控制。

模拟量信号指示牵引/制动力的大小，它通过总线提供给 TCMS。TCMS 根据此模拟量向牵引控制单元和制动微机控制单元提供加/减速量控制信号。

二、车载 ATP/ATO 系统与制动系统的关系

车载 ATP/ATO 系统与制动系统的关系主要体现在两个方面：列车运行安全条件不满足时，施加紧急制动；ATO 驾驶时，静止情况下，给出制动保持信号。

（一）施加紧急制动

列车施加紧急制动主要有两方面原因：车辆施加和车载 ATP 施加。当出现列车超速、后退、移动时车门打开、超过一定时间不能接收到报文、车载 ATP 设备完全性故障等情况时，车载 ATP 将输出紧急制动信号。当列车由于车载 ATP 设备出现完全性故障而施加紧急制动时，必须将车载 ATP/ATO 系统切除才能缓解紧急制动。

（二）制动保持

ATO 驾驶时，为了防止列车停稳状态时的无意识移动，停车时，车载 ATO 给出制动保持信号，在列车静止时仍然施加制动。

三、车载 ATP/ATO 系统与车门控制系统的关系

车载 ATP/ATO 系统与车门控制系统的关系主要体现在三个方面：车载 ATP/ATO 系统接收车门模式选择开关、开门按钮和关门按钮的状态信息，给出开/关门指令；在开门安全条件具备的情况下，给出车门释放信号；监控车门安全回路的状态。

（一）车门释放

为了防止列车车门未经许可开启，当列车运行时车门将会被锁闭。当列车静止且停在停车窗内时，车载 ATP 将给出车门解锁信号（门使能信号）。列车在 RM、SM、AM 运行模式时，车门解锁信号都由车载 ATP 提供。

（二）开/关门指令的给出

车门模式选择开关、开门按钮、关门按钮的车门控制命令从数字量输入接口输入车载 ATO。车载 ATO 根据车门模式选择开关的状态对车门开/关进行控制，输出开/关门指令。

（三）车门安全回路的监控

车载 ATP 对车门安全回路进行监控。当所有客室车门及紧急疏散门都已经关闭且锁好时，车门联锁继电器得电，车门关好信号读入车载 ATP。列车低速运行时，如车门被非正常打开，车门安全回路断开。此信息被读入车载 ATP。车载 ATP 会施加紧急制动，保证行车安全。

四、车载 ATP/ATO 系统与列车广播对讲系统的关系

车载 ATP/ATO 系统与列车广播对讲系统的关系主要体现在自动广播时车载 ATP/ATO 系统给列车广播对讲系统发送线路号、车次号、终点站、开关门、距离等信号，自动触发报站广播（包括离站、进站以及到站）。

课后练习题

1. 基于无线通信的列车自动控制系统的车载 ATP/ATO 系统主要由哪些设备组成？
2. 车载 ATP/ATO 系统会输出哪些数字量信号？哪些模拟量信号？在什么情况会输出模拟量信号？
3. OBCU 在什么时候才会开始对列车进行控制和保护？
4. 两个 OBCU 能否同时激活？若不可以，未激活 OBCU 处在什么状态？
5. 如何激活 OBCU？并简述激活过程。
6. 若两台 OBCU 均故障，会出现什么情况？对于这种情况，如何处理？
7. 若车载 ATP/ATO 系统故障，没有切除车载 ATP/ATO 系统之前，牵引系统能否工作？并简述原因。
8. 车载 ATP/ATO 系统故障将对车门控制系统造成什么影响？
9. 车载 ATO 故障时，列车超速会不会产生紧急制动？并简述原因。

第九章　乘客信息系统

乘客信息系统 PIS（Passenger Information System）是利用多媒体网络技术，通过车站和车载显示终端向乘客提供信息服务的系统。乘客信息系统由中心子系统、车站子系统、车载子系统和网络子系统组成。本章主要介绍城市轨道交通车辆车载子系统（乘客信息系统）。

本章主要介绍乘客信息系统各子系统的主要功能、主要设备、结构框图和基本原理。

第一节　乘客信息系统概述

一、乘客信息系统的基本概念

乘客信息系统的基本概念是指地铁运营商采用成熟可靠的网络技术和多媒体传输、显示技术，在指定的时间，将指定的信息显示给指定的人群。乘客信息系统为乘客提供音视频和文本信息，引导和服务旅客。

城市轨道交通车辆车载乘客信息系统为工作人员提供运营信息，同时为乘客呈现多样化信息。在正常情况下，播放实时列车运营信息、出行信息、政府公告、公益广告等多媒体资讯；在发生灾害或其他紧急情况下，进行紧急广播或对讲，以指挥旅客疏散，调度工作人员抢险救灾，减少意外造成的损失。

乘客信息系统可对客室和司机室进行录像监控，并向 OCC 提供监控画面，使 OCC 工作人员实时掌握列车运营中的情况。

二、乘客信息系统的组成

城市轨道交通车辆车载乘客信息系统包含列车广播对讲系统、多媒体播放系统和视频监控系统等 3 个相对独立的子系统，各子系统间又有着密不可分的联系，相互之间通过通信总线不断地进行信息交换以协调工作。

（一）列车广播对讲系统

列车广播对讲系统是城市轨道交通车辆面向乘客的重要的音频、视频控制系统，可提供

各种类型的广播信息,并为乘客提供与司机进行紧急通话的设备。列车广播对讲系统主要有以下功能:

① 数字语言自动广播;
② 司机对乘客人工广播;
③ 运营控制中心对车辆的广播;
④ 司机与乘客的紧急通话;
⑤ 司机室对讲;
⑥ 紧急信息广播。

(二)多媒体播放系统

多媒体播放系统通过与车地无线局域网系统(WLAN)车载设备的接口获取实时直播的信息,并通过安装在客室的 LED 显示屏(包括目的地显示屏、客室两端显示屏、LED 动态地图显示屏等)和 LCD 显示屏显示导乘信息、社会和商业信息。

(三)视频监控系统

视频监控系统通过在司机室设置 CCTV 监控屏和视频服务器,在司机室和客室设置适当数量的摄像机,可以实现司机对司机室和各室状况的监控、记录及存储,并可以利用车地通信系统将列车上的视频监控录像实时上传给地面控制中心。

三、系统功能

乘客信息系统是专门为乘客提供车辆信息、服务信息而设计的一套服务系统,整套系统以各种形式的音频、视频作为媒介向乘客提供各种信息。乘客信息系统主要功能如下:

① 乘客信息系统接收专用 WLAN 传输的信息,经处理后可实时地在列车车厢内 LCD 显示屏上进行音视频播放。

② 乘客信息系统具有录播功能。运营前将需要播放的内容传输到车内的车载视频控制服务器预存储,接收存储控制中心下发的播放列表及节目内容;运营时,系统可按照接收到的播放列表或其他触发信号,自行播放预存的节目内容,且当无线系统出现故障时,缓存 10 s 后即可进入录播模式。

③ 乘客信息系统具有准实时模式。当车载乘客信息系统由于特殊原因(如区间 AP 或车载 AP 故障等)无法与地面进行不间断实时通信时,该系统进入准实时播出模式。车载乘客信息系统在列车进站停靠期间或列车回库期间,通过无线网络在非移动的情况下高速传输并预存显示信息,供车载系统组织播出。

④ 乘客信息系统具有降级模式(应急模式)。当控制中心故障或网络通信中断以及系统

检测到非法入侵时，受到影响的车站子系统迅速自动转入降级模式，按已接收到的播放列表和节目内容自行组织播放；通信中断的车载乘客信息系统也应按预定义节目内容迅速自行组织播放。

⑤ 通过专用 WLAN 系统，乘客信息系统接收车站和控制中心发送的实时信息（包括流媒体、音视频、文字和图形），经车站乘客信息系统子系统或车站级编播中心处理后，以无线方式传至列车车厢内的 LCD 显示屏显示播放。

⑥ 乘客信息系统具有车内监控信息的实时上传功能。列车车厢内视频监控信息在列车司机室可实时显示并能实时上传。

⑦ 乘客信息系统具有实时信息的接收功能：乘客信息系统的接收设备具有同一传送内容的断点续传功能，能实现运行列车通过专用 WLAN 及时有序接收信息内容，而不破坏内容的完整性和数据质量。

四、乘客信息系统的基本结构

国内城市轨道交通车辆乘客信息系统可以分为两类：分散设计式乘客信息系统和集成设计式乘客信息系统。

（一）分散设计式乘客信息系统

分散设计式乘客信息系统的 3 个子系统的控制设备相互独立，如视频监控服务器、媒体网关、广播通信控制单元、LCD 媒体播放控制器、分屏器等都是独立的设备。各子系统也分别用不同的列车线进行传输：视频监控系统用以太网总线进行传输，列车广播对讲系统用音频总线和 RS485/CAN 通信总线进行传输，列车广播对讲系统与 TCMS 间用 RS485 进行传输，LCD 播放控制器到分屏器采用 RS232 或同轴电缆进行传输等。系统设备之间有以太网视频、音频、RS485/RS232 数据等信息的传递。这种系统设计结构和连线相对复杂，有多种系统控制设备和多种通信协议。

分散设计式乘客信息系统结构框图如图 9-1 所示。

（二）集成设计式乘客信息系统

集成设计式乘客信息系统采用集成化、模块化设计方案，视频监控系统所需的编码器、交换机模块、音频控制器和媒体播放系统所需的分屏器模块等都集成在客室控制机柜中，结构设计相对紧凑，设备数量少，布线简单。

集成式乘客信息系统拓扑结构如图 9-2 所示。

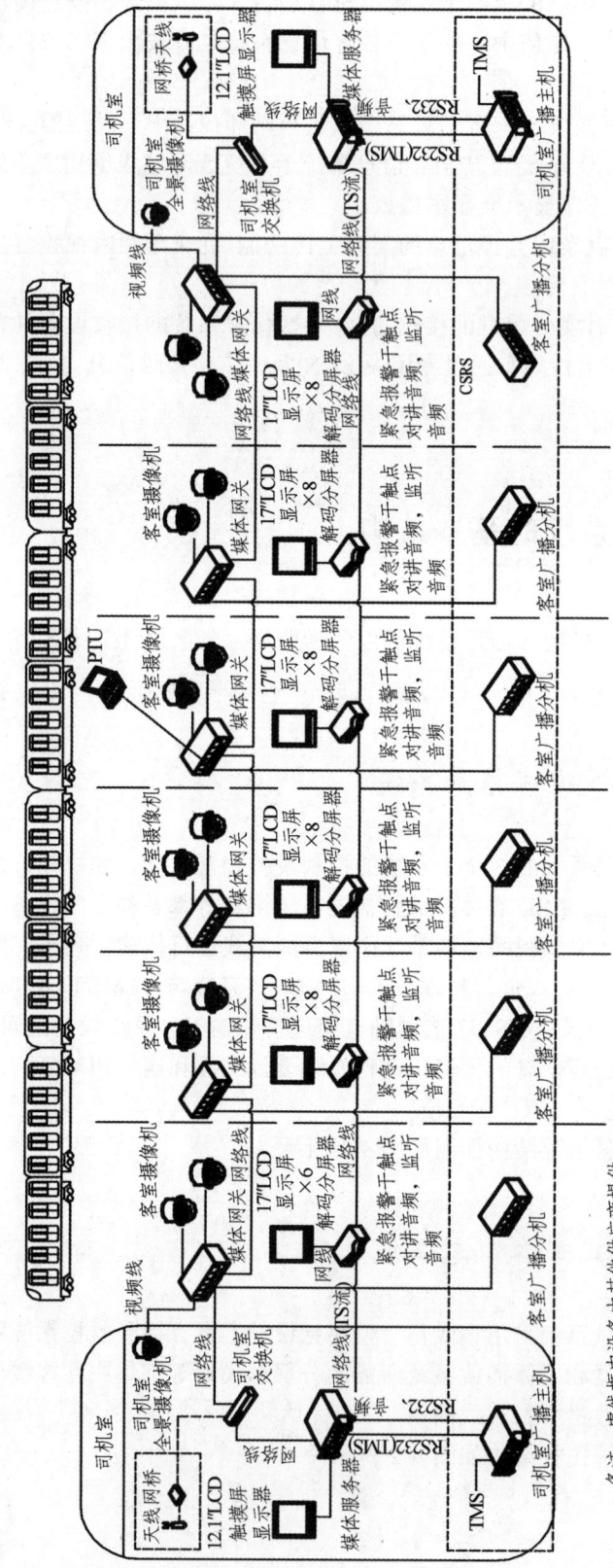

图 9-1 分散设计式乘客信息系统结构框图

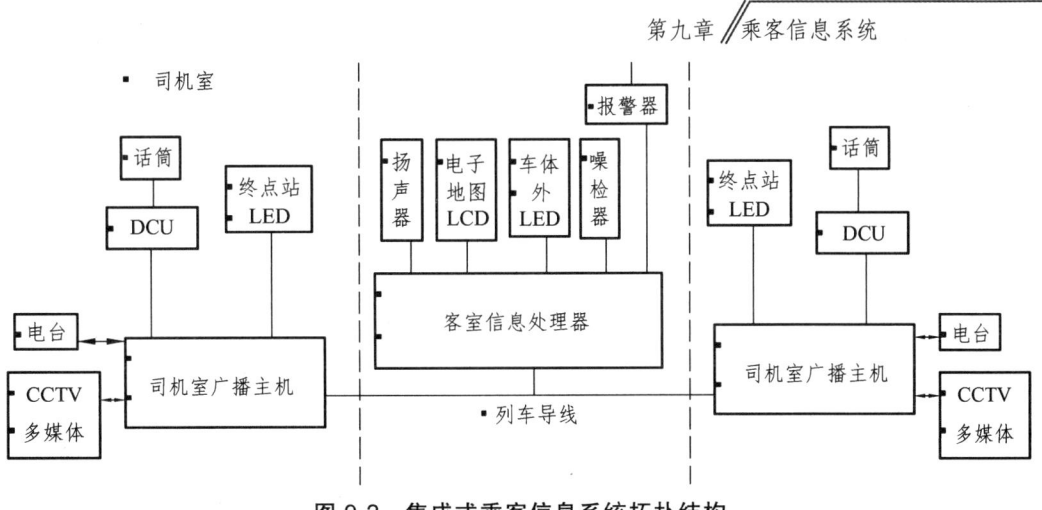

图 9-2 集成式乘客信息系统拓扑结构

第二节 列车广播对讲系统

列车广播对讲系统是乘客信息系统的重要组成部分,主要执行乘客信息系统的音频通信功能,为 OCC、司机与乘客之间提供通信通道,完成无线电广播、数字语音自动广播、乘客紧急内部通信、司机室对讲等功能。

一、系统设备

列车广播对讲系统由广播通信控制单元、乘客广播通信单元、司机音频控制单元、乘客紧急通信单元、扬声器、噪声检测器和麦克风等组成。列车广播对讲系统主要设备如图 9-3 所示。

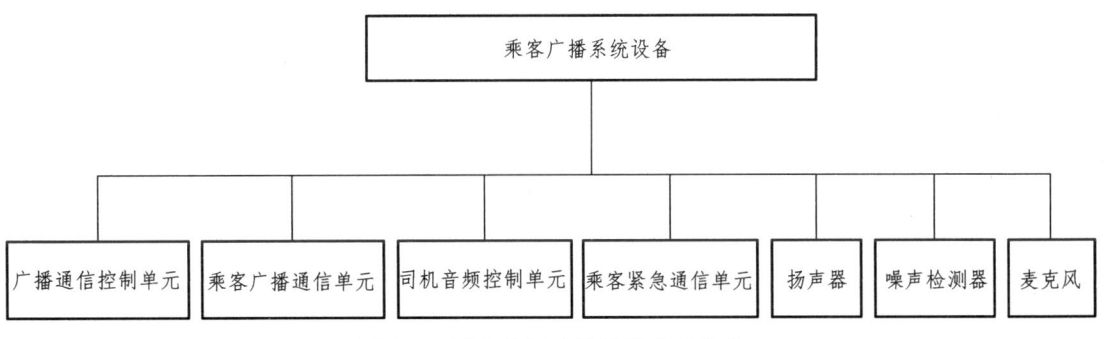

图 9-3 列车广播对讲系统主要设备

(一)广播通信控制单元

两个广播通信控制单元通常分别安装在两端司机室左侧设备柜内,是列车广播对讲系统

的主处理单元,负责处理音频有关的信息,并协调各设备工作。广播通信控制单元完成下列功能:

1. 与TCMS通信

广播通信控制单元一般通过RS485与TCMS、信号系统互相交换信息,进行数字语言自动报站,设置目的点信息和运行方向信息等。

2. 与无线电接口

广播通信控制单元与车载无线电有接口,接收来自OCC的广播信息,并通过扬声器播放。

3. 与司机音频控制单元通信

司机音频控制单元是司机与列车广播对讲系统的人机界面。司机通过操作司机音频控制单元的相关设备来进行人工广播、乘客紧急对讲、司机室对讲、紧急广播等。司机音频控制单元的相关操作都由广播通信控制单元进行处理,再通过音频通信线及总线传输给相应设备。

4. 与乘客广播通信单元通信

乘客广播通信单元设备实现乘客广播语音放大功能,同时提供乘客紧急通信单元接口。广播通信控制单元功能如图9-4所示。

(二)司机音频控制单元

司机音频控制单元安装在司机操作台上,一般由司机室对讲按钮、人工广播按钮、乘客紧急呼叫按钮、音量调节旋钮以及麦克风组成,如图9-5所示。

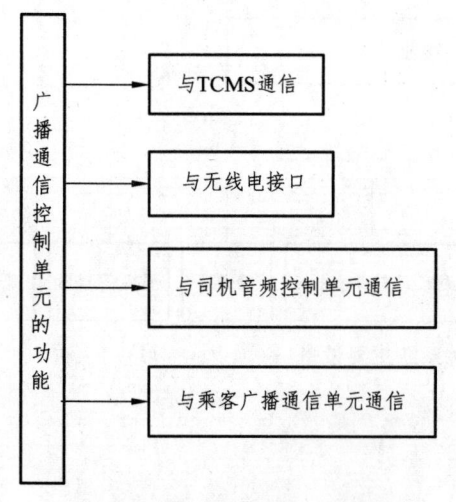

图9-4 广播通信控制单元功能图

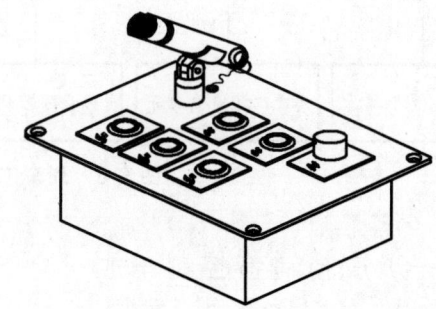

图9-5 司机音频控制单元

（三）乘客紧急通信单元

乘客紧急通信单元是一个嵌入式安装的设备，通常位于车门旁或车厢二位端左侧设备柜上部。其单元的表面是人机界面，乘客紧急通信单元由内部扬声器、麦克风、一个红色嵌入式按钮（EMERGENCY BUTTON）和三个 LED 指示灯[分别为 CALL（呼叫）、SPEAK（讲话）、LISTEN（接听）]组成，如图 9-6 所示。

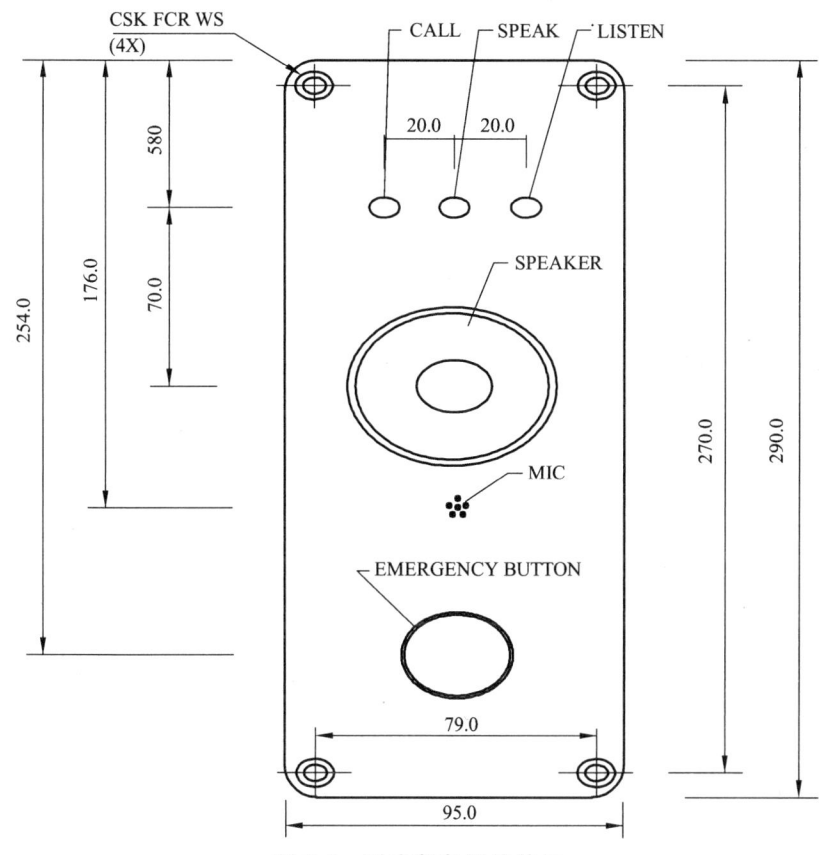

图 9-6　乘客紧急通信单元

乘客紧急通信单元紧急呼叫操作过程如下：

① 按下紧急呼叫按钮。

② "呼叫"指示灯立即闪烁，指示呼叫已经被注册，等待司机室应答。

③ 司机室应答呼叫后，"呼叫"指示灯转为常亮，"讲话"指示灯点亮，乘客紧急通信单元的麦克风被激活，乘客可以与司机室通话。当司机讲话时，"接听"指示灯亮，乘客可以从乘客紧急通信单元的内部扬声器听到司机的声音。

④ 当司机终止呼叫后，三个指示灯全部熄灭。

（四）乘客广播通信单元

乘客广播通信单元是客室广播系统的主要设备，由电源、噪声检测处理单元、功率放大器、本地控制单元、对讲控制器和一些接口设备构成。其功能是完成广播系统的客室通信控制、音频处理等，并完成系统内部客室故障的检测及系统的自诊断。

乘客广播通信单元通常安装于车厢二位端左侧低压电气柜中，每个车厢一个，用来驱动本车厢所有的扬声器（10 个/车厢）及连接车厢内的乘客紧急通信单元，并通过总线将其信号传送给广播通信控制单元。

（五）扬声器

扬声器分为客室扬声器和司机室扬声器。客室扬声器安装在客室车厢内，用于对乘客广播；司机室扬声器安装在司机室，用于广播监听和内部通信。

二、列车广播对讲系统的基本结构

列车广播对讲系统的设备较多，分布于整个列车，结构较复杂，各设备之间使用多种总线，动态地图和 LED 显示屏虽然属于多媒体播放系统，但受列车广播对讲系统的控制。列车广播对讲系统的结构框图如图 9-7 所示。

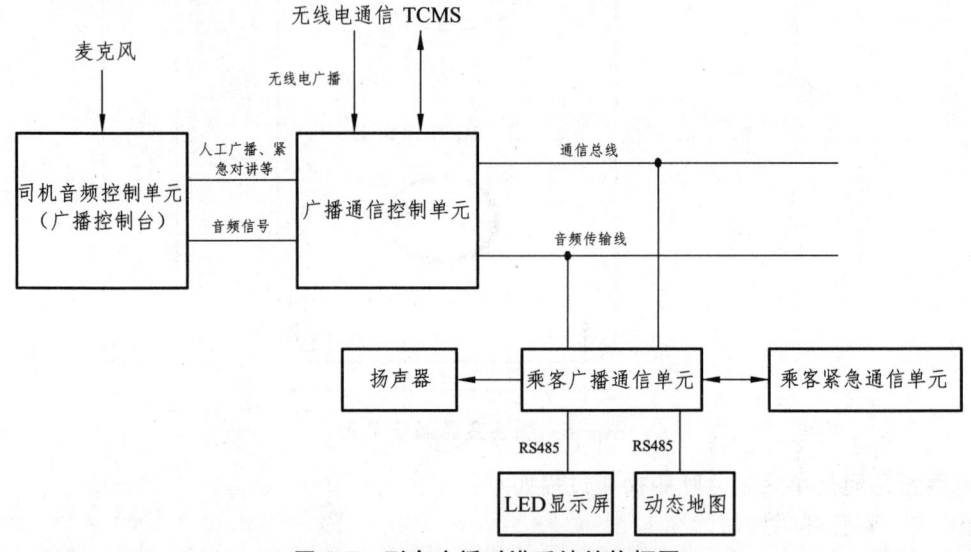

图 9-7　列车广播对讲系统结构框图

南京地铁 2 号线列车广播对讲系统拓扑图如图 9-8 所示。

三、列车广播对讲系统功能

（一）主要功能

列车广播对讲系统主要完成以下七种功能：

1. 全自动广播

列车正常运行时，广播对讲系统主机接收来自信号系统的线路号、车次号、终点站、开关门、距离等信号，自动触发报站广播（包括离站、进站以及到站），广播音频最终在客室扬声器播放，无需人工干预。

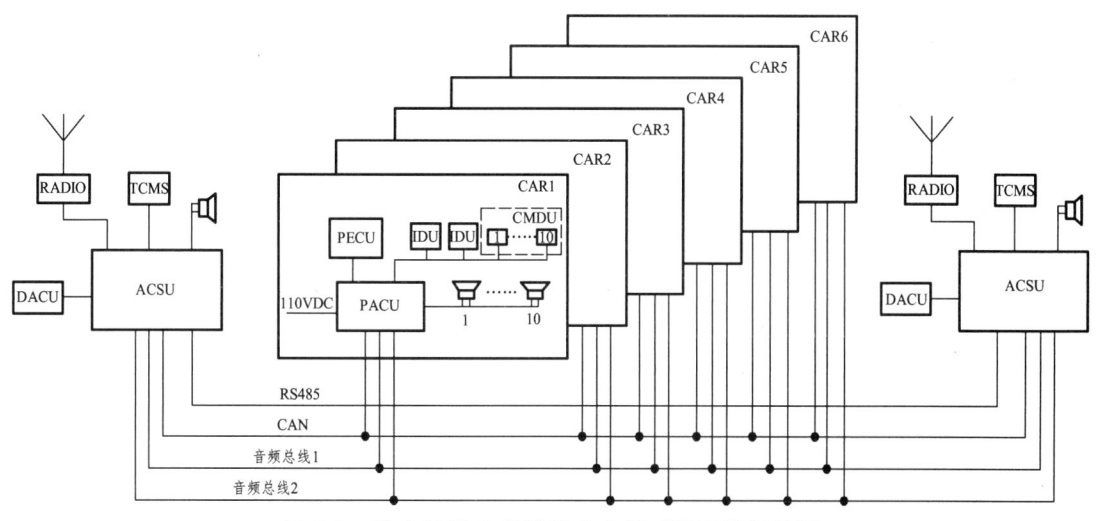

图 9-8　南京地铁 2 号线列车广播对讲系统拓扑图

ACSU—广播通信系统单元；DACU—司机音频控制单元（广播控制盒）；PACU—乘客广播通信单元；
PECU—乘客紧急通信单元

2. 半自动广播

司机操作司机音频控制单元或 TCMS 显示屏，广播对讲系统主机接收到起始站、终点站、报站触发等信号，实现报站广播（包括离站、进站以及到站），广播音频最终在客室扬声器播放。

3. 司机对客室人工广播

司机通过操作麦克风（在司机音频控制单元面板上）可实现人工广播。

4. OCC 对乘客广播

通过无线电系统，地面工作人员可对列车上的乘客进行广播，也可与司机对讲。广播主机接收车载台控制盒传送来的无线广播语音，广播语音最终在客室扬声器播放。

5. 紧急广播

当列车遇到紧急情况时，如发生火灾、严重故障时，司机可通过操作司机音频控制单元或车辆显示屏进行手动选择，将预先录制好的输导等信息进行播放，LCD 会全屏播放预录信息。

6. 司机室对讲

司机室对讲按钮不受钥匙开关限制，两个司机室均可发起通话。在两列车重联时，四个司机室中任何两个以上的司机室之间都可以对讲。

7. 司机与乘客紧急内部通讯

司机按一下"PA"按钮,激活广播。司机可通过麦克风进行广播,乘客通过客室的扬声器可听到司机的广播。

(二)广播优先级

不同类型的广播,其优先级别不同。在高级别的广播要求到来时,正在播送的低级别的广播立即中断,在高级别广播结束后自动恢复。低级别的广播通信不能打断高级别广播通信,需要等候高级别广播通信结束后才能开始。优先级排序(由高到低)如图9-9所示。

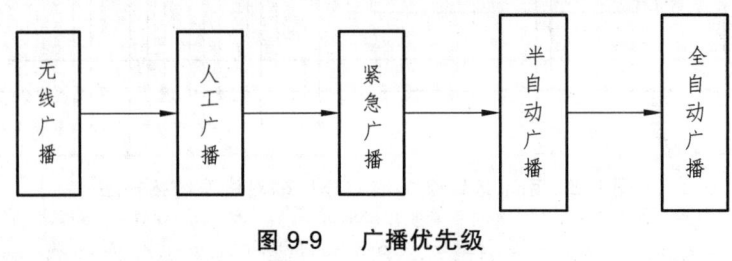

图 9-9　广播优先级

第三节　多媒体播放系统

多媒体播放系统综合无线通信技术和多媒体系统技术,实时地给乘客提供音频、视频信息。音视频可以是通过WLAN系统下载的,也可以是本地预存的。若从WLAN系统接收的是实时节目,节目将被立即播出。没有接收到实时节目时,将按播放列表顺序播放本地预存储内容。多媒体播放系统能够显示TCMS发送的公共信息(站况信息)、紧急信息和广告,播放预录的视频节目等。当触发紧急广播时,如火灾报警,多媒体播放系统的LCD会全屏播放预制的紧急画面。多媒体播放系统能够满足地铁列车个性化信息的播出,并可在中央控制信息的自动播出和司机人工控制信息播出之间进行自由切换。乘客通过多媒体显示器可以浏览观看到多种咨询信息和娱乐电视节目。

一、多媒体播放系统的主要设备

多媒体播放系统主要由LCD显示屏、LED显示器、车载视频服务器、车载LCD分屏器、动态地图等组成。

（一）车载视频服务器

车载视频服务器一般安装于司机室右侧电气柜内，每个司机室设有 1 台。它是多媒体和视频监控的服务器，它控制客室 LCD 多媒体的播放以及司机室和客室监控系统的工作。LCD 播放的非实时媒体文件预先保存在视频服务器的硬盘中，监控系统拍摄的视频画面也会存储在视频服务器的硬盘中。

（二）车载 LCD 分屏器

车载 LCD 分屏器接收编码后的数据码流，解码后分配给 LCD 显示屏（Liquid Crystal Display）进行显示。其包含 DC110 V 电源模块、解码器模块、音视频分配模块、视频播放器模块等。每个客室安装 1 台 LCD 分屏器和 8 块 LCD 显示屏，每个客室分屏器将视频信号分配到每一块 LCD 液晶显示屏进行显示。

（三）LCD 显示屏

LCD 显示屏即液晶显示屏，其外观如图 9-10 所示。

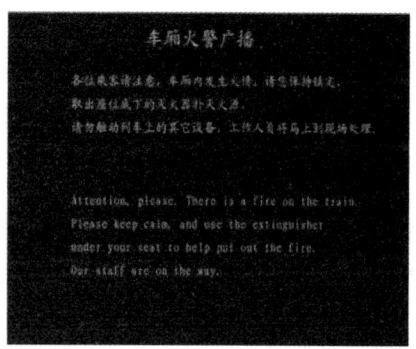

图 9-10　LCD 显示屏

LCD 显示屏一般采用壁挂方式安装于每节车的车厢内。B 型车一般在 Tc 车和 Mp 车客室分别安装 7 块和 8 块 LCD，用来播放音视频媒体信息。

LCD 显示屏可以按播放列表分屏显示多种类型的媒体信息，如视频、图片、文本文字、时间等。LCD 也可以全屏显示紧急信息画面。

（四）LED 显示器

LED 显示器通常安装于贯通道端部上沿和列车前部。贯通道 LED 显示器即 IDU（内部显示单元），列车前部 LED 显示器即 FDU（前部显示单元）。每节车一般安装两台贯通道 LED 显示器，用于实时显示列车将要到达的下一站和当前停靠站，显示内容与数字报站广播同步。列车两端上部中间分别安装一台 LED 显示器，用于显示车次号等信息。LED 显示器如图 9-11 所示。

图 9-11 LED 显示器

（五）动态地图

动态地图一般位于车门上方，为乘客提供列车运行线路、下一站和运行方向等信息。动态地图如图 9-12 所示。

图 9-12 动态地图

动态地图一般通过 RS485 总线与乘客广播通信单元通信，将乘客广播通信单元提供的停靠站、运行方向及运行线路等信息动态地显示出来。

二、多媒体播放系统的基本结构

多媒体播放系统的基本结构框图如图 9-13 所示。

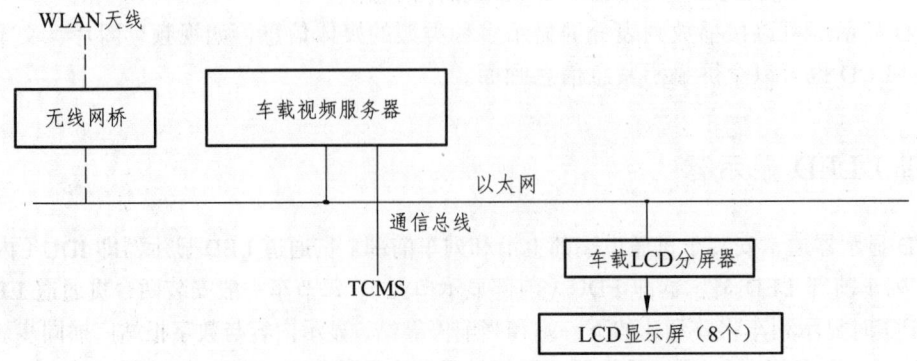

图 9-13 多媒体播放系统的基本结构框图

三、多媒体播放系统的基本功能

多媒体播放系统主要有四个方面的功能：
① LCD 播放；
② 车次号显示；
③ 动态地图显示；
④ 贯通道乘客信息显示。

第四节 视频监控系统

视频监控系统（简称CCTV）主要用于视频拍摄及视频监控显示，由车载终端控制设备、车载摄像机等组成。车载终端控制设备又包括工业以太网交换机、视频编码器等设备，负责网络连接、数据传输、视频编码等功能。摄像机将拍摄到的视频数据传输到车载终端控制设备，由车载终端控制设备负责编码并传输至司机室的车载视频服务器，供车载视频服务器录像及中心调用。

一、视频监控系统的主要设备

视频监控系统主要由以太网交换机、视频编码器、输入/输出接口模块、车载摄像机及CCTV监控屏等组成。

（一）以太网交换机

由于视频信号容量较多，城市轨道交通车辆对视频信号的传输一般采用以太网络，以太网交换机在此网络中起到信息处理交换的作用。

6辆编组列车的车载局域网由8台工业以太网交换机组成：2个头车各两台，其余4节中间车各一台。

（二）视频编码器

视频编码器对车载摄像机的摄像视频进行编码压缩，然后通过以太网络进行传输。每个编码器通过屏蔽线缆与摄像机一一对应连接。每个编码器通过其自身独立的10/100 M以太网口与车载工业以太网交换机的10/100 M以太网端口一一连接。

（三）输入/输出接口模块

输入/输出接口模块提供视频监控系统与无线电通信系统、车载视频服务器和TCMS的连接。

（四）车载摄像机

车载摄像机在系统中作为将监控图像转为视频数据的前端设备，复制采集列车司机室及客室的实时视频。每个客室设有 2 个摄像头，每个司机室设有 1 个摄像头。摄像头位于客室或司机室内顶板，用于拍摄车厢内情况。

司机室采用全角监视红外摄像机，在司机室亮度低于 8 LUX 的照度时，自动开启红外辅助照明，图像转为黑白图像。客室一般采用半球摄像机。

（五）CCTV 监控屏

CCTV 监控屏是视频监控系统的显示/控制设备，位于司机室内，为触摸式显示屏。它完成系统所需的实时视频显示、控制操作及设备管理等功能，是司机与视频监控系统间的人机交互界面。它可以 4 画面显示，也可以全屏显示；它可以固定显示某个摄像机的画面，也可以轮流的形式显示整列车 12 个摄像机的画面。CCTV 监控屏如图 9-14 所示。

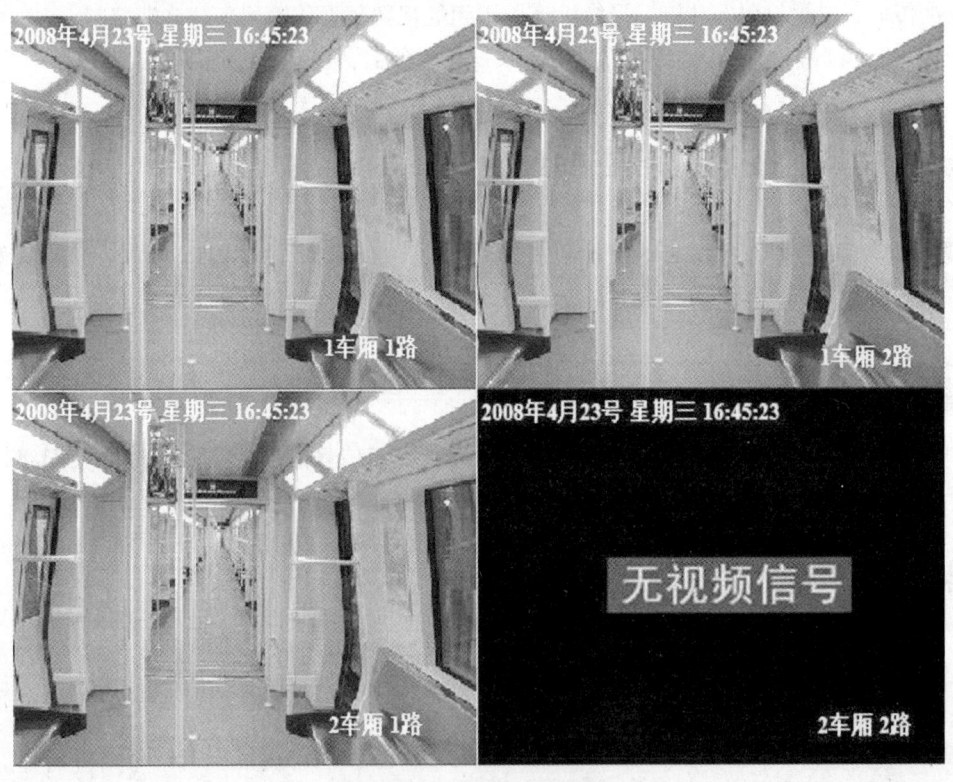

图 9-14　CCTV 监控屏

二、视频监控系统的基本结构

视频监控系统的基本结构框图如图 9-15 所示。

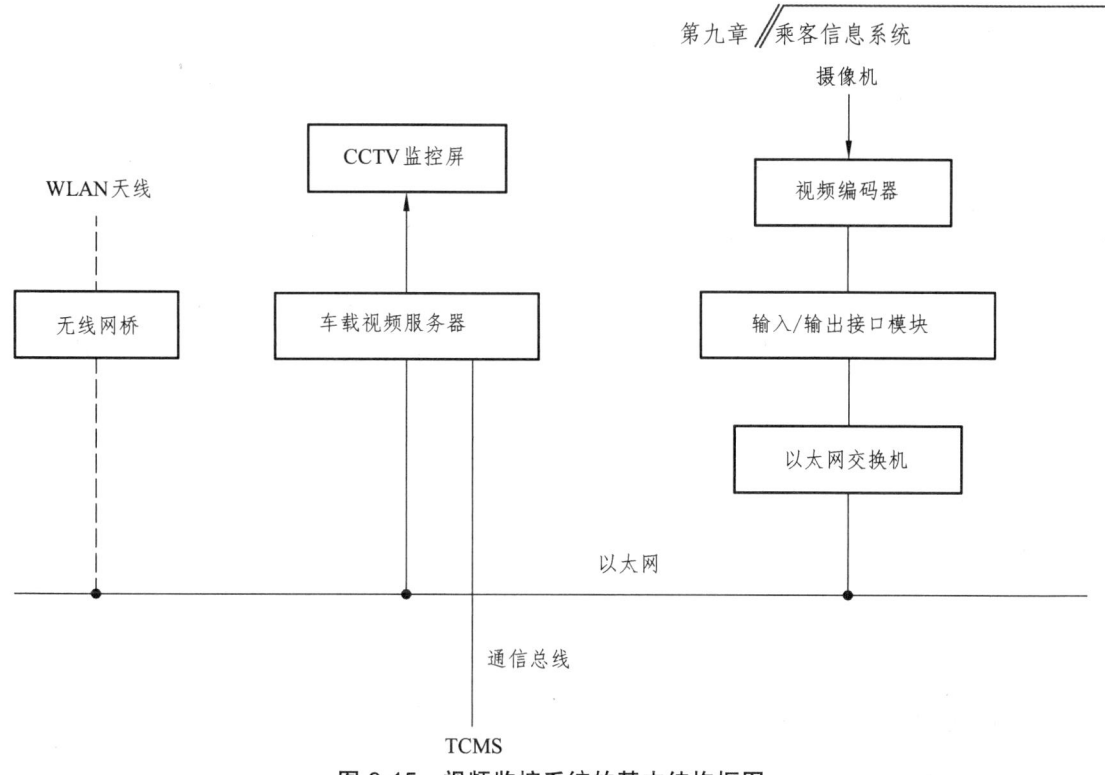

图 9-15 视频监控系统的基本结构框图

三、视频监控系统的基本功能

视频监控系统主要用来完成视频拍摄和对客室及司机室的监视显示功能。基本功能如下：

① 司机通过显示器监控司机室和客室的状况，录制视频图像并进行本地存储。

② 视频联动功能：当发生如乘客应急对讲、车门紧急解锁、火灾报警系统等紧急事件时，可人工选择CCTV监控屏显示（全屏或四分屏）事件发生车厢视频，辅助事件的处理。

③ 视频监控录像通过与车地无线局域网系统（WLAN）车载设备接口，将视频监控录像实时上传给地面控制中心。

第五节 车载无线局域网及无线电系统

随着无线技术的发展，无线局域网系统在城市轨道交通系统得到了广泛的应用，车载乘客信息系统也因此有了长足的发展，它可以实时播放新闻和发送运营等信息到列车上供乘客观看，同时实现OCC对列车车厢的监控。

无线局域网系统（WLAN）通过在地铁沿线设置无线传输网络设备和天线，以及在每条线路的车站设置本线网络管理设备和服务器，来管理和控制本线移动宽带无线传输网络，以达到实时、无缝地在车辆和地面之间传输图像和数据。

无线局域网系统负责通过车—地无线宽带网络设备接收中心下发的信息内容，并通过车载播放控制器在本列车的所有 LCD 显示屏上实时播放，同时将车载视频监控图像实时上传至控制中心。

车载无线电系统是 OCC 与列车广播对讲系统之间连接的重要接口，如行车调度与司机之间对讲、OCC 对乘客广播都是通过车载无线电系统接收相关信息。

一、车载无线局域网系统的主要设备及功能

（一）车载无线局域网系统的主要设备

车载无线局域网系统由无线网桥和 WLAN 天线组成。

无线网桥一般安装于司机室电气柜内，它接收并处理 WLAN 天线的有线信号，传输给乘客信息系统。

WLAN 天线一般安装于司机室顶板上方，它是车载无线局域网系统的无线信号接收/发射装置，接收到信号后，将其传输至无线网桥。

（二）车载无线局域网系统的主要功能

车载无线局域网系统是车载乘客信息系统与地面控制中心间的通信接口，主要有以下作用：

① 接收中心下发的信息内容，并在本列车的所有 LCD 显示屏上实时播放；
② 将车载视频监控图像实时上传至控制中心。

二、车载无线电系统的主要设备及功能

（一）车载无线电系统的主要设备

车载无线电系统主要由以下设备组成：
① 车载电台主机；
② 车载电台控制盒；
③ 无线电天线。

车载电台主机是车载无线电系统的主要设备，它接收并处理无线电天线的信号，传输给车载电台控制盒。

车载电台控制盒安装于司机台上，是车载无线电系统的显示和操作界面，它接收并处理车载电台主机的控制信号，传输给车载乘客信息系统。

无线电天线安装于司机室车顶外部，是车载无线电系统的信号接收/发射装置，它将接收到的无线信号传输至车载电台主机。

（二）车载无线电系统的主要功能

车载无线电系统是 OCC 与列车之间的接口，主要有以下功能：
① 接收/处理 OCC 语音信息，完成 OCC 对乘客广播功能。
② 传送司机语音信息，完成 OCC 与司机对讲功能。

三、车载无线局域网系统与车载无线电系统的差别

车载无线电系统与车载无线局域网系统有类似的地方，二者都用于车地间数据接收与传送，不同之处有以下两点：
① 车载无线局域网系统主要用来接收或发送视频信号，而车载无线电系统主要用来处理音频信号。
② 车载无线局域网系统只负责数据的接收和发送，而车载无线电系统不仅有接收和发送功能，还能对音频信号进行处理、控制、传送。

课后练习题

1. 车载乘客信息系统主要有哪几部分组成？
2. 列车广播对讲系统要实现哪些功能？
3. 广播功能的优先级是怎样的？
4. 列车广播对讲系统由哪些设备组成？
5. 多媒体播放系统主要的功能是什么？
6. LCD 显示屏播放内容来源于何处？
7. 客室视频监控信息能否传送给 OCC？如果能，是以何种途径传送的？
8. 视频监控系统能实现哪些功能？
9. 简述车载无线局域网系统与车载无线电系统的不同之处。
10. 若车载电台主机故障，哪些功能将无法实现？

参考文献

[1] 倪文波，王雪梅. 高速列车网络与控制技术[M]. 成都：西南交通大学出版社，2008.

[2] 王艳荣. 城市轨道交通车辆电气检修[M]. 上海：上海科学技术出版社，2010.

[3] 关明全等. 城轨车辆技术与应用[M]. 北京：中国铁道出版社，2005.

[4] 龙志文. 电力电子技术[M]. 北京：机械工业出版社，2007.

[5] 上海申通地铁集团有限公司. 城市轨道交通电动列车驾驶[M]. 北京：中国铁道出版社，2010.

[6] 华平，唐春林. 城市轨道交通车辆电气控制[M]. 北京：机械工业出版社，2011.

[7] 广州地下铁道有限总公司. 车辆检修工[M]. 北京：中国劳动社会保障出版社，2009.

[8] 阚庭明. 城市轨道交通乘客信息系统技术发展趋势探讨[J]. 现代城市轨道交通，2009，1（18）：37-39.

[9] 蔡国涛，陈蕾. 对乘客信息系统（PIS）的分析[J]. 现代城市轨道交通，2008，1：9-11.